创业者

曹海涛 著

——互联网+、资本+、文化+ 创业箴言——

電子工業出版社
Publishing House of Electronics Industry
北京•BEIJING

内 容 简 介

创业的路，并非总是一帆风顺。如何能找对行业，慧眼识人，找到志同道合的合作伙伴，少走弯路？创业者需要具备哪些优良品质才更容易成功？创业者要注意避免踏入哪些陷阱？如何进行创业融资？如何说服投资人？

本书从深层次发掘创业者必备的各种素质及创业时面对的种种问题，并给出适当的建议，可谓创业者的“心灵导师”。

本书适合所有在创业、准备创业、未来有可能创业的人士阅读。

图书在版编目（CIP）数据

创业者：互联网+、资本+、文化+创业箴言 / 曹海涛著. —北京：电子工业出版社，2015.6
ISBN 978-7-121-25228-0

Ⅰ. ①创… Ⅱ. ①曹… Ⅲ. ①企业管理－基本知识 Ⅳ. ①F270

中国版本图书馆 CIP 数据核字（2014）第 302753 号

责任编辑：高洪霞
印　　刷：北京天来印务有限公司
装　　订：北京天来印务有限公司
出版发行：电子工业出版社
　　　　　北京市海淀区万寿路 173 信箱　邮编 100036
开　　本：720×1000　1/16　印张：14　字数：240 千字
版　　次：2015 年 6 月第 1 版
印　　次：2015 年 10 月第 2 次印刷
定　　价：66.00 元

凡所购买电子工业出版社图书有缺损问题，请向购买书店调换。若书店售缺，请与本社发行部联系，联系及邮购电话：（010）88254888。

质量投诉请发邮件至 zlts@phei.com.cn，盗版侵权举报请发邮件至 dbqq@phei.com.cn。

服务热线：（010）88258888。

序

创业是创业者通过资源的整合运用，创造出更大的经济和社会价值的过程。李克强总理在十二届人民代表大会三次会议上指出，推动大众创业、万众创新，这既可以扩大就业、增加居民收入，又有利于促进社会纵向流动和公平正义。

创业，是经济增长的新引擎，而创业者，是这一价值创造过程中的核心要素。企业的一切业务、管理、文化、财务等都是由创业者计划、执行和完成的。没有成功的企业，只有成功的创业者！而成功往往是暂时的、相对的。创业，其实是挑战，不断失败，成功，继续挑战，继续失败，成功……的过程。

本书从政策、哲学、资本、理论和实战等角度让读者系统、清晰地了解创业的这门科学，学习创业知识，掌握创业技巧，培养创业心态，是每一个创业者必备的实战教材，犹如创业途中的“十万个为什么”，在关键时刻为创业者指点迷津。

这是最好的时代，这是创业的时代，分享创业经验、引导创业成长、培养创业人才和倡导创业精神是时代的要求。

前言

成功需要一群人，失败只需要一个人！

做事业，大部分的结果是失败的，往往被那些嘲笑人、不相信人的旁观者说中。但也正因如此，成功，才更有意义……

这部《创业者》述说的主要是创新企业的发展路径和成长方式。之所以叫“创新企业”，是因为有这样一群人，他们没有太多资源，没有太多起步资金，靠的是创新的技术、创意和一个敢拼敢闯的团队。这种创新企业是轻资产企业，越聚越多的创新企业大军是中国经济下一步发展的主要动力。

从可持续发展的角度来看，一个国家发展的主要推动力不应该是其拥有的自然资源，不应该是完全的传统生产，而应该是源源不断的创新和创意。

谈到行业，有两大类：传统行业和新兴行业。传统行业创业者和新兴行业创业者的心态和意识是大相径庭的，虽然各有利弊，但时代的发展需要的肯定是两者更好地融合。

最近一些证券私募基金去上市公司尽职调查之后得出的一些负面的声音听起来实在让人害怕：很多上市公司的创业团队真实的想法就是把企业作为融资和拿地的工具，早已不管企业的实际经营了，创业激情也早已不再；很多传统行业的创业者已经放弃了梦想，更多地是靠关系，做投资。新兴产业，如互联网、现代服务业的创业者中，大部分还在不停地为企业的发展奔跑和努力。

做企业是一条“不归路”，只能越做越大，直到做到资本市场。然而即使做到资本市场，事业也才刚刚开始。就像高考一样，中国学生熬了十几年为考个好大学，考上大学才发现，人生才刚刚开始。

创业是艰苦的，融资之路也是艰难的。很多人关注过 2014 年 5 月 25 日凌晨皇家马德里对阵马德里竞技的那场比赛，皇家马德里在比分落后的情况下，在连观众都要放弃观看比赛、准备为马德里竞技庆祝的时候，终场前两分钟拉莫斯的头球将皇家马德里从死亡线拽了回来。创业也是如此，过程是艰苦的、难熬的，心理素质需要非常强悍，要像战士一样坚持，坚持就是一种无敌的进攻，坚持就是最好的防守。

2014 年的巴西世界杯，走到最后的是德国队。这个曾经被世人嘲笑过的“落幕下的日耳曼战车”具备哪些优秀的素质，又是如何焕发青春的呢？严谨、坚韧、守纪、高效、融合、纳新，说得再具体些，就是创造梦想、勇于创新、保持灵活、统一团队、人才培养。这些也都是创业成功必备的因素。

一位成功的创业者曾经对我说过，他之所以会一直保持对新生事物、对创新和创业的极度兴趣，是源于注重**保持一个良好的身体状态和精神状态，每天对各种新鲜运动的尝试和锻炼是让人一直保持这种创业原动力的根本**。先不管创业是否真的与“肾”有关，创业成功与激情和兴趣一定是息息相关的，无论是那些“夸张型”的创业者、“稳健型”的创业者，还是“闷骚型”的创业者，如果想要获得持续的成功，就需要持续的激情！

什么才是最伟大的力量？意念才是最伟大的力量。**失败不可怕，关键看是否可以重生**。如今，不少的创业者碰到一点困难就变得不堪重负，碰到一点不确定性就把前途描摹成暗淡无光的样子，碰到一点不顺利就似乎一切失去了意义。成功者找方法，失败者找借口，面对才是真正的勇敢，成功者绝对不会为了逃避而去找出一个又一个拙劣的借口。

目录

—前言 / 2
第 0 章　创业新政 / 1
第 1 章　创业的哲学 / 5
创业为“什么” / 6
不是懂了才会做，而是做了才会懂 / 8
创业就是“使自己疯魔、使别人着魔”的事情 / 9
创业就像放风筝 / 10
这一点做不到，就别创业了 / 14
创业到底有多难 / 16
企业到底是什么 / 17
如何看待“公平” / 19
诚信到底怎么解读 / 20
创业是否要“趁早” / 21
“肉要烂在锅里面”原则 / 23
做不成创二代，就做创二代的爹 / 24
学马云创业的“进”与“退” / 26
用“国学”成就“创业” / 28
第 2 章　资本的力量 / 33
股东结构 VS 企业命运 / 34

什么人都可以做股东吗 / 36
到底用谁的钱创业 / 37
财务，创业中一直绕不过的问题 / 39
银行的钱成本最低吗 / 43
创业者有两种收入，后者的比例越大说明越成功 / 47
如何撰写商业计划书 / 48
融资是一条不归路 / 52
融资该如何谈 / 54
为什么要上市 / 58
没有上不了市的企业，只有上不了市的董事长 / 61
创业者应该炒股票吗 / 64
新三板就像炸酱面 / 67
新三板是小企业的救命稻草 / 69
疯狂并购是对企业生死的考验 / 71
企业资本力 / 74
第 3 章　创业与商业模式 / 83
男人和女人都怕入错行 / 84
产品重要还是销售重要 / 86
创业不懂法，其他一切免谈 / 87
商业模式是否重要 / 88
战略重要还是商业模式重要 / 90
什么是核心竞争力 / 92
企业如何跨过由小变大的坎儿 / 94
都在谈“颠覆”，到底怎么颠覆 / 97
一切为了市值吗 / 100
“舆情”牵动“市值”，别再抱着炸弹裸奔了 / 103
第 4 章　创业与产业 / 105
P2P 网贷，是馅饼还是陷阱 / 106
“股权众筹”路在何方 / 109

互联网金融应该怎么玩 / 112
民营教育怎么赚钱 / 115
抓住“大文化” / 117
“跨界”能否带来出路 / 121
未来属于70后、80后还是90后？体会大学生的创业路 / 123
第 5 章 创业的“人和” / 129
人，是最不值得信任的；人，也是最值得信任的 / 130
做企业最难的事情是什么 / 132
究竟如何才能让客户满意 / 136
责、权、利不明是企业走向慢性自杀的普遍因素 / 138
什么样的人更吸引投资人 / 139
创业中的“悟” / 142
第 6 章 创业之路 / 145
精准签约莫言，帮助“能人”成为“伟人”是创业者的大智慧 / 146
软件行业怎么干才稳健 / 150
传统咖啡+创业平台+创业服务=？ / 153
抓住健康就抓住了永远的朝阳行业 / 155
失败不可怕，关键要重生 / 158
如何让“互联网+”Duang 得给力 / 164
4 年 300 倍回报，领略“创业+投资”的温文尔雅 / 169
是否以自己名字命名的企业才够伟大 / 173
8 年“抗战”，谁主沉浮 / 178
女演员+女制片人+女创业者+……=？ / 182
信息服务平台的创业路 / 187
如何“找到”并“得到”贵人相助 / 192
你可能不知道他的名字，但你一定喝过他的产品 / 198
第 7 章 公司干得好，更要卖得好 / 201

第 0 章

chapter 0

创业新政

创业之路充满挑战和未知，成功一定属那些始终坚韧不拔、锲而不舍者。

——北京银行（601169）行长　张东宁

2013年10月25日，国务院常务会议对注册资本登记制度改革进行了部署，改革内容主要包括放宽注册资本登记条件、将企业年检制度改为年度报告制度、放宽市场主体住所经营场所登记条件等。2013年12月，十二届全国人大常委会第六次会议对《公司法》中有关公司注册资本登记的规定进行了修改。

2014年2月18日，国务院新近批准的《注册资本登记制度改革方案》在中国政府网公布。方案提出，将通过改革公司注册资本及其他登记事项，进一步放松对市场主体准入的管制，降低准入"门槛"，优化经营环境。

自2014年3月1日起，新《公司法》正式实施，借此契机注册资本登记制度改革将在全国范围内正式推行。

国务院《注册资本登记制度改革方案》规定，除特定行业外，取消有限责任公司最低注册资本3万元、一人有限责任公司最低注册资本10万元、股份有限公司最低注册资本500万元的限制。国务院推进注册资本登记制度改革，取消了注册资本的多种限制，就是把更多的自由权与选择权交还市场主体，特别有利于一些新经济、新技术、新领域、新产业的发展。

为了进一步支持小型微利企业发展，经国务院批准，财政部、国家税务总局发布了自2015年1月1日至2017年12月31日，对年应纳税所得额低于20万元（含20万元）的小型微利企业，其所得减按50%计入应纳税所得额，按20%的税率缴纳企业所得税。

创业成本过高，往往成为中小企业、科技文化创新型企业的绊脚石。地方在"降低门槛"方面的探索其实早就出发了。2009年，上海就率先推出高校毕业生创业注册资本"零首付"、集中登记、筹建登记等政策措施。

而推进注册资本由实缴登记制改为认缴登记制，将最大程度降低企业资本运营成本。同时，此次改革注重运用信息公示和共享等手段，将企业登记备案、年度报告、资质资格等通过市场主体信用信息系统予以公示，对推进企业诚信建设意义重大。

"宽进"的同时更要"严管"，政府将重新划分各监管部门的职责分工，将"重审批轻监管"转变为"宽准入严监管"，政府管理方式由事前审批为主向事中、事后监管为主转变。

根据国务院公布的《注册资本登记制度改革方案》，构建市场主体信用信息公示体系也是此番改革的重心。在市场主体信用信息公示系统上，未按规定期限公示年度报告、通过登记的住所（经营场所）无法取得联系等的市场主体将被载入经营异常名录，并在市场主体信用信息公示系统上向社会公示。

有其他违法记录的市场主体及其相关责任人，而被管理部门推进“黑名单”全国联网的管理应用之中，企业将为此付出巨大的代价，系统将对主体形成“一处违法，处处受限”的局面。有欺诈和违规行为的境外投资者及其实际控制人列入“重点监控名单”。

做事业，无外乎需要抓住五件事，政策、产品、市场、人和资本，而政策是一切事业的基础，国家大力推进创业的措施是否让你动心了？周围一个又一个创业成功的故事是否让你激动了？激动是否真的转变成了行动？欲做一番事业的那颗不服输的“心”是否真的被激活了？从现在开始，让我们聆听创业，学习创业，感受创业，至少，可以知道自己是否适合创业！

第1章
chapter 1

创业的哲学

创新创业对于中国的发展和转型至关重要；目前越来越多的年轻人，尤其是大学生开始自主创业，但创业并非易事，对创业者本身的素质和能力要求很高，曹先生的新书非常有价值，值得推荐！

——中国科学院虚拟经济与数据科学研究中心风险投资研究室　刘曼红

创业为“什么”

“这是二十万，离开我女儿！”

“阿姨，我们是真心相爱的。”

“四十万！”

“阿姨，我不是为了钱，我觉得感情是不能用金钱衡量的。”

“六十万！”

“阿姨，您这是逼我啊！”

“一百万！我说最后一次，离开我女儿。”

男孩叹了口气，顿了三秒之后，缓缓从口袋里掏出支票。

“这是一千万！我要娶您的女儿。”

其实，努力不为别的，只为以后没人能用钱砸到你妥协……

创业，往往是一种证明，是奋斗，是留给自己的一个又一个故事，是为了心中一次又一次呼唤的那个梦想，为了更自由地掌握自己的命运。

世界上最伟大的音乐家之一路德维希·凡·贝多芬的那句“我要扼住命运的咽喉，他休想使我屈服”的誓言就像一阵飓风，伴着激励人心的音乐，激励着青年人向着自己的梦想前进。

创业箴言

创业，往往是一种证明，是奋斗，为了更自由地掌握自己的命运。

创业，需要的就是这股劲儿！

小鸡问妈妈："今天可否带我出去玩？今天先不用下蛋了吧？"

母鸡回答："不行的，我要工作，那是我的价值。"

小鸡奇怪地问："可是，妈妈，您已经下了那么多蛋了啊！"

母鸡很严肃地拍拍小鸡的肩膀，说："孩子，一天一个蛋，刀斧靠边站！要记住，存在就要创造价值，过去的价值只代表过去而已，每天都需要努力，用梦想和行动来实现你自己的价值！"

创业，是实现价值、不被淘汰的一种选择。

做事不需要人人理解，但需要尽心尽力！

做人不需要人人喜欢，但需要坦坦荡荡！

失败者忙于找借口，借口一个比一个花样！

成功者忙于找方法，方法一个比一个漂亮！

如果你是雄鹰，没有人鼓掌，你也要翱翔！

如果你是小草，没有人心疼，你也要生长！

如果你是深山里的花儿，没有人欣赏，你也要芬芳！

如果你是创业者，没有人理你，你也要挺直胸膛！

什么是创业？

创业，本身就是不寻常……

创业箴言

创业，本身就是不寻常……

不是懂了才会做，而是做了才会懂

创业，其实就是资源的整合运用并且创造出社会价值的过程。

创业贵在坚持，有“一条道跑到黑”的气魄。

无论走到哪里都应该记住，过去都是假的，回忆是一条没有尽头的路，以往的春天都不复存在，就连那些最坚韧而又狂乱的爱情归根到底也不过是一种转瞬即逝的现实。而只有未来，只有梦想，才是让人可以憧憬、可以向往并且可以为之行动的。

不要轻言谁是在为谁付出，其实所有的付出根本的受益人都是自己。

人生看透了，其实是一场与任何人无关的独自修行、修身、修心，这是一条悲喜交加的道路，路的尽头一定有礼物。

人之所以是这个世界上最脆弱的动物，是因为永远会有更强大的人对他所拥有的一切美好事物予以致命的威胁。

善良比聪明更难，聪明是一种天赋，而善良是一种选择。创业更是如此！

所有事情不是懂了才会做，而是做了才会懂。

创业就是“使自己疯魔、使别人着魔”的事情

还记得我在2014年5月末主持第十八届中国国际软件博览会互联网创业和创新论坛的时候，我让现场的年轻企业家用一句话来解释什么是创业。

其中一位创业者的答案颇有代表性。他说，创业就是“使自己疯魔，使别人着魔”的事情。可以说创业者如果没有一个执着的劲儿，一个“疯”了一样，“着魔”了一样的劲头，怎么可能成功呢？如果不让别人跟着一起着魔，例如团队、投资人、合作伙伴、客户等，企业怎么能像滚雪球一样越滚越大、越滚越实呢？

还有一位创业者说，创业就是“失败+失败+失败+成功”的过程，这话真的很形象，万事开头难，经历的种种失败都是成功的垫脚石。还记得我在采访游戏公司 9miao 的创始人李明的时候，他之前已经做失败了两个公司，第三个公司刚已经成功地卖掉。让人觉得不可思议的是他的第三个公司的第二大股东就是之前两次创业失败时一直跟着他的股东，这个股东最终也赚到了大钱。

人就是这样，创业者更是如此，相信你的人，当初投资你的人，相当于买了一张以创业者签名的信用卡，公司可以失败，但是创业者做人不能失败！

2003 年，原本每年有几十万收入的网友“渔夫”被“小龙女”做事情的执着和热情打动了，借给“小龙女”8 万元，历经企业的初创、发展、辉煌、沧桑，世纪佳缘上市的那天，“小龙女”邀请这位“渔夫”网友参加她创立的世纪佳缘企业的美国上市敲钟仪式，本来借钱不准备要求偿还的“渔夫”被吓到了，因为他投的不是这个公司，他投的是“小龙女”这个超级讲信用的人。借 8 万元给“小龙女”的网友“渔夫”最终在世纪佳缘上市时获得了 8000 万元的回报。

创业者有多成功，就要看创业者给出的信用卡的质地有多好！

创业就像放风筝

风筝发明于我国东周春秋时期，至今已 2000 多年。相传墨翟以木头制成木鸟，研制三年而成，是人类最早的风筝雏形。后来鲁班用竹子，改进墨翟的风筝材质，到南北朝时，风筝开始成为传递信息的工具。从隋唐开始，由于造纸业的发达，民间开始用纸来裱糊风筝。到了宋代，放风筝成为人们喜爱的户外活动。

风筝在竹篾等质地骨架上糊纸或绢，拉着系在上面的长线，趁着风势可以放上天空。放风筝看似很简单，但是要想真正放好不是太容易。风筝好像是企业，放风筝就似做管理，如果不具备足够的企业管理相关的悟性和经验，要想在如今新时代下放好企业这只风筝，其实是不简单的。

看一下下面的故事。

小时候，在草地上放风筝，因为没有风，风筝怎么也飘不起来。于是我沮丧地站在那里，不知所措，只好等待着风的来临。

父亲走过来，问："为什么不让手中的风筝飞起来呢？"

"没有风，风筝飞不起来。"我说。

"没有风？你自己不就是一股风吗？"

"我自己就是一股风？"

"对呀，你跑起来，不就是一股风了吗？"

我开始跑起来，我好像真的成了一股风，一股奔跑的风，一股热情奔放的风。风筝慢慢地升上了天空……

从那以后，每当遇到问题，无所适从时，我就会想起父亲的这句话：

“跑起来，你就是一股风！”

风筝和创业有着“神”一般相似的哲学，古代传递信息的工具，演变成了户外的活动，又成为传世哲学。

2014年的5月17日是美丽北京2014年首届九门环保风筝节大型公益活动，这天我与创业者约好了在永定门公园放风筝。

其实，放风筝还有很多哲学。春季和秋季的风向及风速较稳定，经常有缓缓上升的气流，因此选错时机，再好的风筝也“无力升天”。时机正是所有创业要素中最玄妙的东西。

放风筝需要开阔的视野、空旷的场地，如果视野不够大，场地（平台）不够大，风筝注定飞得很低。放风筝基本上很难一次放飞成功，需要耐心，经历一次又一次的失败后，乘风飞扬，冉冉升空。

放风筝需要借风飞扬，创业需要顺势而为，风大了猪都可以飞起来。但是放风筝的人往往要逆风奔跑，透过风力，借力使力，越挫越勇才能感受翱翔的快乐。

放风筝也需要抓好线，线不能抓得太紧，太紧则线容易断，但也不可抓得太松，那样风筝就很难掌控。这正像团队管理，员工需要一定的企业文化、“洗脑”和收心，但有能力的员工更需要一个张弛有度的工作状态，如果管得太死，员工反倒有逆反心理。人事管理就像风筝一样，要给大家足够的舞台顺风飘扬，但一切还需尽在创业者的把控下。

一些聪明的创业者，管理的时候就会“欲擒故纵”。员工感受到一些自由，但同时又有一根线在拽着，这是较好的工作状态。“水至清则无鱼”，要让员工感觉到他们有灵活的个人时间，但前提是一定要完成公司的业绩和之前设定的目标。至于那种上下班打卡的形式往往是传统行业经常用的，新兴行业的管理往往营造的是自由的工作环境。虽然“自由”会让员工“飞走”，但是就像放风筝，只要手上还好好地握着那条线，员工再会飞，也是随时会飞回来的。

风筝放得好的人看起来像在钓鱼，静静地坐在那里，手不时地动一下，在这修心、修身的状态下，以静制动，就像《大学》里说的：大学之道，在明明德，在亲民，在止于至善。知止而后有定，定而后能静，静而后能安，安而后能虑，虑而后能得。物有本末，事有终始，知所先后，则近道矣。

风筝有大有小，风力小的时候，适合放小风筝，风力大的时候适合放大风筝。做企业更是如此，就像 2000 年的互联网泡沫，那个时候“只要风筝不掉下来”，即企业能活下来就不错了。而随着 2013 年互联网金融快速崛起，虽然一些政策上、法律上的门槛还没确定，但是其势不可当的形势已经昭然天下，所以这个时候更应该全力放飞更大的风筝。

真正放过风筝的人知道，把风筝放飞不是最难的，最难的往往是飞起来之后的可持续飞翔，风筝放起来时只是个开始。就像时代的弄潮儿、抓住一个时机崛起的创业者如果不能持续经营，就会似流星闪过，这样只能说这个创业者在合适的时间做了一件合适的事情而已。

风筝本身也是“一分钱、一分货”，贵一些的、质量好的风筝飞起来更容易，飞得也更绚烂，就像做产品，产品的质量需要足够的研发，而资本是一切的源泉，玩不起好产品的人，更玩不起好企业。同时，也好似选人才，一分钱一分“人”，钱散人聚，如果团队的“价格”都是在行业的平均工资以下，又没有什么太多的股权激励，这个团队的能力可想而知。

当风筝遇风上升的时候，需要全力放线，这时如果放线的速度过慢就会影响风筝的快速升起。就像企业的授权制度一样，如果创业者总是“把”着不放，不通过一种制度或者积累的信任来管理团队，企业只会是一个小作坊。

如果大风已过，风筝下降，放风筝的人一定要尽快收线，收线相当于给风筝一个风的作用。就像做企业，如果公司的业务遇到了一些阻碍，需要创业者必须迅速做出及时的、适当的应变，介入、监督、沟通、包容，如果这个时候应对不及时，之前再美好的风景也只会是过眼云烟。不论是风筝还是企业，硬着陆只会让自己摔得很难看。

老子在《道德经》里论述道：“是以圣人之治，空其心，实其腹，弱其志，强其骨，常使民无知无欲，使夫之者不敢为也。为无为，则无不治。”老子其实在告诉统治者，使治理下的人民能按自然的规律去自我管理是执政的最高境界。

企业不也是这样吗？

管理分为人治、法治、心治（无为而治），按照风筝的管理哲学，让员工自我管理是创业者应该学会的。但是企业小的时候，必须要有很好的人治。还记得我的一位创业者朋友说过的一句话，“本来企业很好，参加完这个总裁班，那个管理班的，突然醒悟了，开始法治，开始心治，开始研究人，结果员工一下不适应了，一个接一个地离开了，企业被折腾黄了”。

瑞齐宁医疗的创始人侯杰，是一位用佛学来管理企业的创业者。公司从领导到属下所有人都受佛法熏陶，公司里面的佛堂也成为员工们经常朝拜的场所。向善、因果、福报……一直成为公司员工在处理客户关系，一心为客户身体健康着想的出发点。瑞齐宁的客户说明会，主要也是治疗成功的客户们的感恩会，传递爱与信赖成为其典型的企业文化，而这种心治的管理，也在无形中成为强有力的自我管理体制。

虽然会有一些人质疑种种不同的管理方法或管理文化，但不管如何管理，适合的才是最好的。

这一点做不到，就别创业了

在和很多创业者聊起有关创业的话题时，很多年轻创业者无法体会但是历经沧桑的企业家感同身受的就是创业一定要“快乐”。

当然，我们经常说人要快乐地活着，否则其他的人生目标都毫无意义。但是对于创业而言，想要具备快乐的心态，却并不是那么容易的。

创业不好玩儿，每一个环节充斥着无穷的压力，如果团队里面牢骚不断，合作伙伴天天尔虞我诈，这样的企业绝对无法走得长远，也不会有活力。

如果创业时不快乐，那么一定是哪里出了问题。或者是商业模式，或者是团队管理，或者是经营思路。快乐代表的往往是一种心态，一种充实、进取、尽情发挥兴趣、完成梦想的状态。

快乐其实离不开乐观向上的心态。破产的企业中有 99%都是因为现金流断裂，而很多企业在最初创业的时候，都会经历现金流吃紧的情况。乐观的企业家在这种情况下会积极地面对并解决问题，同时还会尽力避免公司内负面情绪的传导，即使团队出现风言风语，乐观的企业家也通常会用“过去创业每到关键时刻都能逢凶化吉”等类似的激励性语言让负面情绪消失于无形。而这种乐观状态才是真正的创业者应该具备的最关键素质，尤其是在这个创业确实艰难、竞争尤其激烈的时代。

人生就是一阵风，起了，没了。理想就是一盏灯，燃了，灭了。人情就是一阵雨，下了，干了。朋友就是一阵云，聚了，散了。闲愁就是一壶酒，醉了，醒了。创业就是一股劲，来了，起了。

很多事情看得淡然、洒脱，自然也就容易快乐了。

其实很多创业者的内心往往并不像媒体宣传的那样。有一些企业家看似非常阳光、健康、温柔、亲和，实际接触下来，脾气异常火爆，很容易着急上火。“一分能力，一分脾气”这句话是不对的。但是，下面这句话是值得沉思的：有能力，没脾气，人物；有能力，有脾气，人才；没能力，没脾气，人手；没能力，有脾气，人渣。真正的成功者往往是历经浮华、泰然处之的集大成者。

此外，“谨慎”二字一定要在快乐创业中随时注意，“生于忧患，死于安乐”，活得长久的公司都是表面不失乐观，内心又十分小心的，也就是所谓的“战略上藐视敌人，战术上重视敌人”。

“快乐创业”说起来简单，但其实是很难做到的，想要“快乐创业”需要具备很多条件，真的做到“快乐创业”需要有非常高的境界。快乐创业需要坚守一个原则：“忙而不累”。这也是东华软件（002065）董事长薛向东常说的一句话。如果大家关注一下这个上市 8 年以来每年都能以 30%的增长速度成长的软件企业，同时看一下薛向东在所有公开场合给人留下的印象，会发现笑容一直是他外表的旗帜。而这种从表及里、由里及表的内心乐观、自信、淡然的微笑，是艰苦创业过程中最需要的。

从初创小公司到上市公司掌门人，薛向东始终笑言“忙而不累”。之所以忙而不累，就是因为他一直坚持不搞“玄乎事儿”。所谓“玄乎事儿”就是投资貌似很有前景的事情，如果搞得好，一下就起来了，万一搞不好，就会一败涂地。这种事情是最劳心的，万一某个因素没有考虑周全，则可能前功尽弃。

“累”往往是心累，而之所以心累，是因为创业的过程充满了各种“超出预期”的考验。

与此同时，“看米下锅”也是“忙而不累”、“快乐创业”的秘诀，也就是在做集成项目的时候，如果对方资金条件不好、回收期慢或者收钱有风险，那就干脆不做。如果做了事却无法回收资金，很可能会对资金流造成影响。

“快乐创业”，有太多的学问。这一点做不到，就别创业了。

创业到底有多难

做实业为什么这么难？房租只升不降，人工成本只升不降，由于市场竞争而带动的销售费用只升不降，企业做大需要规范而带动的税收等成本加大，产品或服务的收入提高的幅度却相对较少。

现在和好多富起来的成功人士交流，发现大多数人的资本都是 5 ~ 10 年前创业形成的，而最近几年的创业，尤其是传统产业，实在让大家苦不堪言。中国经济各方面的发展逐步走向成熟，与改革开放初期的各种百废待兴相比，当下的创业形势要严峻很多。

2012 年之后，大家明显感觉到各种“不容易”，与过去曾经辉煌过的企业家聊天，听到最多的三个字就是“不好干”。

几十年前创业的时候，创业者通过一些资源的垄断、关系的垄断等可以拿到很多优惠政策，现在的市场经济则更加考验企业家的“真功夫”。

反腐从短期看，势必会让一些行业进入短期的整顿，长期来看，势必有利于千秋万代。

反腐、鼓励创业、税收减免，各种利好不断鼓励中小企业的生存和发展。

创业其实是非常非常难的，就像唐僧取经有九九八十一难，有一难挺不过去都不行。

就是因为难，所以创业成功的人，才更加值得尊敬！

创业箴言

就是因为难，所以创业成功的人，才更加值得尊敬！

企业到底是什么

很多创业者都把企业看成自己的孩子，看成自己的命根子，每天细心呵护，生怕出现一点问题。

但随着创业者引入了股东，随着管理团队入股，发现在对外谈判的时候当着大家的面总说企业是自己的孩子会很别扭。后来，创业者换了说法，把“自己的孩子”说成是“我们的孩子”。当把企业说成是“我们的孩子”的时候，尤其在股东和管理团队面前，总觉得格外自豪、有底气。

可是，当企业做大后，遇到别人来并购自己家企业的时候，创业者就没有办法继续说企业是我们的孩子了，因为孩子怎么能卖呢？卖孩子是不道德和违法的。无奈，孩子沦为猪，猪才可以卖或者杀了吃肉或者转手他人。但创业者说企业是猪又不好听，于是，聪明的创业者们改变了说法，说企业是我们的“平台”。

但是，当如果企业真的做大做到上市的时候，上市公司创业者们把企业看成什么呢？其实企业不仅是一个事业平台，更是大家赖以生存和寻找名利的地方，是要实实在在为员工提供实惠的。既然是上市公司，最离不开的就是资本就是钱，做得好的上市公司老总，其实在企业满足所有事业平台的同时，往往把企业看作是一台 ATM 机，需要钱的时候可以提取，想要赚钱的时候就通过不断的市值管理等手段提高企业的价值。

谈到 ATM 机，有种世俗感，但当今社会评判人的成功或企业的价值时，总要在后面加上身价多少钱、市值多少亿。作为一个创业者，即使再有梦想，如果

创业箴言

做得好的上市公司老总，其实在企业满足所有事业平台的同时，往往把企业看作一台 ATM 机。

不是一个金钱上的成功人士，再谈什么改变世界也都是空谈，更谈不上做慈善，因为你没有能力去做这些。

ATM 是贴切的，财富不仅是钞票，更多的是一种价值的象征，企业到底是什么？其实就是一种价值的体现。

难道不是吗？

如何看待“公平”

这个世界是公平的吗？创业者很容易在这个问题上纠缠下去。看看周围的富二代、官二代、迁（拆迁）二代，好像随随便便就可以拿到资源赚到钱。这种氛围会逐渐让创业者迷失，还记得几个创业者谈论的故事：一个官二代拿了一块地，因为没有升值，就通过各种关系让高速公路在这块地的旁边弄了个出口，赚钱何等容易，等等。

而同时，又有一些思想总在劝说创业者，世界是公平的，当上帝为你关上一个门的时候，总会再去开一扇窗。但其实就像大家知道的很多理论一样，所有理论都应在前提下进行。人人平等、世界是公平的这些理论的“前提”更需要创业者关注。

首先，其实这个世界的万物都遵循大自然的规律，这个规律是普遍存在的。同时，阶级、等级问题在任何一个地方都会以各种形式出现。

其次，每个个体有着不一样的来源和存在，所有个体的过去、现在和将来是不同的。

再次，其实很多人内心是希望不公平的。基本上，都是那些还未成功的、一无所成的人才是真的希望世界公平，因为想要获得与别人一样的幸福或者位置，一直把“人人公平”作为羡慕妒忌恨的借口。而在真正有一定地位、成就、富有的人中有很多并不希望世界是公平的，因为已经存在的优越感是他不断追求的目标。

所以，创业者不要再去梦想什么世界公平或者人人平等，也不要抱怨世界的不公平或人人的不平等。做一个创业者，一个合格的创业者，有时更需要的是卧薪尝胆，苦其心志，而成功的时候再去回想公平的问题，也许只会报以欣然一笑。

诚信到底怎么解读

无论是做企业、做投资还是做实业，都离不开与人交往，“人的诚信”是离不开的话题。但是诚信的前提是什么呢?

在评论美女的时候，一些五官普通但是很白净的女士往往有另外一种清纯的美，有一句俗话叫“一白遮百丑”，这句话用到做人的诚信上更是如此，而这里的“白”指的就是能力。

当一个人有能力去实现诚信时，即这个人的企业资金或者兑现诚信的实力决定他在兑现诺言的时候有能力完成，这才是诚信的前提。恰恰相反，虽然一些人很有道德，很有人品，很有人格，但是出现极端情况，自身难保，承诺根本无能力兑现的时候，这时的创业者的“诚信”是苍白无力的。

但在这里需要再补充一下，诚然，如果这个企业家没有能力诚信，那么所有关于人品和道德上的诚信评价都是没有基础的，但是对于某些创业者而言，即使暂时没有能力去赚钱、去经营、去兑现承诺，但创业者的强大意愿及完成诚信的道德水准和人格高度又反作用于自己的诚信能力，所谓“态度决定一切”。像史玉柱、杜国楹等这样的创业者，即使从亿万富翁变成亿万“负”翁，也会继续集聚能量，实现新的项目盈利，去“挣”回自己的诚信。

创业箴言

虽然一些人很有道德，很有人品，很有人格，但是出现极端情况，自身难保，承诺根本无能力兑现的时候，这时的创业者的“诚信”是苍白无力的。

创业是否要“趁早”

“出名要趁早呀！来得太晚的话，快乐也不那么痛快。”

——张爱玲

张爱玲所处的时代政治时局瞬息万变，她更希望在稳定的年代尽快出名，否则在动乱的时期，她的努力很容易因战乱而被埋没。出名要趁早，早出名对个人和社会都是有利的。对个人，不仅可以改善个人生活，而且对于未来的路怎么走也会更有规划；对社会，极早有个天才和智者加入，也会使社会更有活力。

“出名要趁早”其实是对的，年轻人，精力旺盛，激情澎湃，在这个时期出名，会乘风破浪，披荆斩棘。趁年轻时身上没有那么多的牵绊和负担可以放手一搏，等到年老体衰时真的就没有这个能力了。

当然太早出名就不好了，趁早不等于太早。我们看到太多的小明星、小天才，年纪小小就出名了，就像昙花一现，没过几年大家就忘了，过早地显示才能，还没酝酿成型就强制曝光，很容易起反作用。出名的时机把握非常重要，机会只留给那些准备好的人，趁壮年且心智成熟，一跃成名可以更好地抓住机会。

留学澳大利亚就读研究生课程的时候，看着周围很年轻的一些 ABC（Australian Born Chinese）与当地的文化、语言的融合极其到位，即使与那些高中或者本科出国留学的学生相比，我们这些研究生时才出国的“晚辈”也有些“水土不服”，那时真心佩服他们的“本土化”，佩服他们能更加适应国外的

创业箴言

“出名要趁早”是对的，年轻人，精力旺盛，激情澎湃，在这个时期出名，会乘风破浪，披荆斩棘。

环境、更好地融入社会。当时很多中国留学生相当认同的一句话就是“出国要趁早”。

在对话原当当网的副总裁、秀美甲的创始人易文飞的时候，他表示深刻感受到之前做高管时与现在创业的差异，比较起来，打工的时候真的是自在得很，做老大的责任太重大，压力巨大。谈起对创业的感悟时，易文飞更是希望更早地接触创业，那样一定更具激情且有更多试错的机会。与之前相对滋润的打工生活比较，创业真的让他更深地体会到人生的意义。易文飞强调，“创业一定要趁早”，一再享受滋润的打工生活，等到“廉颇老矣”再去追求梦想，往往已经不现实了。

创业要趁早，但不等于创业要过早，创业的“时机”把握，真的太重要了！

“肉要烂在锅里面”原则

在做企业的时候，经历过一些纷争的创业者深刻地明白“肉要烂在锅里面”，这指的是相关利益主体保持在同一平台、同一套人马、同一公司、同一股东的原则，如果出现“肉没有烂在锅里面”，即同一平台、同一套人马、不同公司、不同股东，就会出现股东利益的不一致，尤其在出现一家企业赚钱、另一家企业亏钱的情况时，这种利益的不一致对企业的潜在威胁是致命的。

现实创业中，这种例子比比皆是。

曾经有一家著名的风险投资公司，一手抓基金的融资，一手抓项目的投资，为了加强其融资的力度，又成立了一家企业家的俱乐部平台，并成立了一个新的公司去管理这个平台。成立的这个管理平台的实体公司后来又增加了其他股东。随着融资业务的壮大和发展，投资公司业务做得风声水起，其股东们赚得盆满钵满，但是管理俱乐部的实体公司因为没有合适的盈利模式，一直是投资公司的业务附属公司，所以一直处于亏损状态。接下来的故事可想而知，管理俱乐部的实体企业由于投资公司以外的股东们的巨大争议和不满，最后解体。

“肉要烂在锅里面”的原则看着很简单，但是应用范围非常广泛，如果做到了，就是一种健康的生态圈，如果做不到，反倒会成为原有公司的绊脚石。

创业箴言

“肉要烂在锅里面”的原则看着很简单，但是应用范围非常广泛，如果做到了，就是一种健康的生态圈，如果做不到，反倒会成为原有公司的绊脚石。

做不成创二代，就做创二代的爹

我们看到集大成者好多都是白手起家，如李嘉诚、马云、马化腾，等等。当然周围也有不少“富二代”也很努力地让大家知道他们也是成功者，他们是“创二代”，他们也是创业者。老话说得好，创业难，守业更难。

新希望的刘畅，俏江南的汪小菲，长江实业的李泽钜等都是知名的“创二代”。

一代创业者和二代创业者相比，二代的抗压性往往会相对差一些。段刘文是“中关村之父”段永基的儿子。段刘文从不接受家族或者熟人的钱，而是去吸引风险投资。和风险投资方谈判前，父亲段永基很敏锐地提醒儿子不要觉得拿了人家的钱就矮半截，要挺直腰杆。投资人投资的目的是为了让创业者利用自身的特长帮助其资产升值，这是一种互惠互利的合作。

《福布斯》杂志的一项调查显示，截至 2013 年 7 月 31 日，A 股上市公司共有 2470 家，其中 1431 家为民营公司，这当中又有 711 家为家族企业，占比为 49.7%。家族企业已经成为一半民营企业的代表，“创二代”是一个越来越有代表性的群体。

麦肯锡的研究报告显示，全球家族企业的平均寿命只有 24 年，其中只有约 30%的家族企业可以传到第二代，能够传至第三代的家族企业数量不足总量的 13%，只有 5%的家族企业在三代以后还能够继续为股东创造价值。

创二代也有困惑，毕竟他们在一定的基础上依靠的是父辈通过白手起家的创业获得的社会财富、一定的社会地位以及“豪华”的社会资源。相对父辈而言，他们的创业环境更优越，资源更广，从小的熏陶更丰富，成功的机会也多，也因此，“心态”往往是创二代的创业者成功的关键。

创二代和创一代的冲突是首当其冲的问题。创二代几乎百分之百有留学背景，对互联网、新兴产业等极度的热衷使其与创一代的传统产业形成很大的互补，但就是因为两种思想和产业的矛盾冲突，形成了创二代和创一代之间绕不过去的管理思路的冲撞。毕竟随着时间的推进和时代的更迭，谁当老大、谁说了算还是要确定的，“打江山”与“守江山”的矛盾往往让企业无所适从。

创一代需要的是激情，而创二代更需要的是稳健。家族企业的传承就像历代的君王一样，创业者中的“秦王”和“成吉思汗”是永远的“神”，而“康熙”、“汉武”的盛世才是家族企业能否在一定的现代企业制度和管理思想下成就辉煌的关键，创二代也同样面临机遇、挑战和获得更大成功的可能性。

创业者如果成不了创二代，那就做创二代的爹吧，白手起家，做出一番事业，让家族可以以你为荣！

创业箴言

创一代需要的是激情，而创二代更需要的是稳健。

学马云创业的“进”与“退”

2014年9月19日晚，阿里巴巴登陆美国纽约交易所，创下美国股市最大融资纪录，其市值仅次于苹果、谷歌和微软，一跃成为全球第四大高科技公司。超过万亿元人民币市值的阿里巴巴，可以买下50个华谊兄弟，可以买下70个光线传媒，可以买下整个亚马逊加eBay……无限风光的背后，马云，俨然成为这个创业时代的代表。

其实早在2013年年初，阿里巴巴集团董事局主席兼CEO马云就在给阿里巴巴员工的内部信里宣布，自己于2013年5月10日起不再担任阿里巴巴集团CEO一职，将全力以赴做好阿里巴巴集团董事局主席全职工作。

从马云给员工的内部邮件里，表面上看到了一些回首，一些寄托，一些疲惫，一些功成身退，不少人以为马云辞去CEO的身份是在激流勇退，是在悟道《易经》的“亢龙有悔”。

其实，站在企业经营的角度根本不是这样，经历过企业沧桑的企业家都会有一个很重要的认知：如果在一家企业中扮演的是职业经理人的角色，这个人的所有资源、精力、重心都要放在这一家企业上。职业经理人一人多职不仅会“不守本分”，还容易造成利益冲突，原来企业的股东们会对此产生很大的意见和矛盾，甚至诉诸法律，职业经理人违背“尽职义务”，甚至“同业竞争”等罪名都会让管理者吃不了兜着走。

2014年4月，马云旗下的浙江融信拟以33亿元收购恒生集团百分之百股权。浙江融信成立于2013年，是阿里巴巴董事局主席马云控股的公司，马云持股99.14%，但浙江融信与阿里巴巴集团并无股权关系。故本次交易完成后，马云将成为恒生电子的实际控制人。

仔细想一想，如果马云还是阿里巴巴的CEO，股东们如何分得清哪些是公司的资源，哪些是马云自己的资源？如果看到马云在阿里巴巴生态系统外赚得盆满钵满，股东们如何能做到心理平衡呢？

华数传媒 2014 年 4 月 8 日晚间发布定增预案，公司拟以每股 22.80 元的价格，向云溪投资非公开发行 28 667.10 万股，募资总额 65.36 亿元，拟全部用于“媒资内容中心建设项目”、“‘华数 TV’互联网电视终端全国拓展项目”及补充流动资金。入股后云溪投资持有华数传媒股份达 20%。云溪投资普通合伙人是史玉柱和云煌投资，有限合伙人为谢世煌，实际控制人为史玉柱和马云。

马云近期的很多投资开始在阿里体外进行，很大一部分原因应该与实现利益最大化有关。尽管马云目前掌控着阿里集团，但其占股实际上只有不到 10%，也就意味着同一项预期利润丰厚的投资，只能分享不到 10%的收益，但如果是个人投资，结果则完全不一样。

一旦企业做大，创业者都会面临这样的问题，而及时的“功成身退”、“角色转换”才能“活”得更好！

创业箴言

及时的“功成身退”、“角色转换”才能“活”得更好！

用“国学”成就“创业”

中国当代国学大师南怀瑾先生认为人生的最高境界是“佛为心，道为骨，儒为表，大度看世界；技在手，能在身，思在脑，从容过生活”。作为一个创业者，尤其是在中国，如果能具备一些国学的知识，在成长的道路上会大有裨益。

“国学”是指以儒学为主体的中华传统文化与学术。

“博学之，审问之；慎思之，明辨之，笃行之——《中庸》”讲的是治学求进的道理。意思是：要广泛地多方面学习，详细地问，慎重地思考，明确地分辨，踏踏实实地实施。创业者需要的就是这种学、问、思、辨、行的求进哲学。美团网的创始人王兴，是互联网高手，而对于 O2O 的团购，其线下经营方面的经验有所不足，但是其“打破砂锅问到底”的特点一直为互联网圈的人称道。在一开始创业的时候，虽然因为线下和线上思维的不同而经常“磨合”，但是了解王兴的人知道，这个创业者是不搞懂决不罢休的品性，直到问遍所有的专家和高手，在得到“干货”后方罢休。每次看到王兴眉头紧皱的时候大家就能猜到王兴又在琢磨什么问题了。

《本经阴符七术》在中国古代的哲学和兵学中都占有重要的地位。不少优秀的创业者都推荐这本书。鬼谷子，姓王名诩，春秋时人。常入云梦山采药修道。因隐居清溪之鬼谷，故自称鬼谷先生。鬼谷子的主要著作有《鬼谷子》及《本经阴符七术》。鬼谷子为纵横家之鼻祖，其四个徒弟可谓名声赫赫，苏秦、张仪、孙膑与庞涓。

其中讲到的“志者，欲之使也。欲多则心散，心散则志衰，志衰则思不达也”正说明欲望太多，则必然会心力不集中，心没有集中，散开了就会引起智力衰竭，智力衰竭则会使思维混乱，达不到目标。当目标越来越多、想做的事情越来越多的时候，志也就散了。

创业的时候，一开始会很容易失去方向。“企业正在做的事情和企业真实想做的事情往往不一样，这是一直需要思考的问题”，2014 年的黑马训练营上，评委戴志康对鲜榨果汁的 O2O 项目如是说。

《论语》中的一句话“苟正其身矣，于从政乎何有？不能正其身，如正人何？”大意是如果端正了自身的行为，管理政事还有什么困难呢？如果不能端正自身的行为，怎能使别人端正呢？”俗话说：“正人先正己。”孔子所讲的就是这个道理。孔子把“正身”看作是从政为官的重要方面，是有深刻的思想价值的。

从创业的角度去考虑，正身是极为重要的。但是实际创业中，不少创业者为了金钱和企业的业绩，经常有偷税、贿赂或者欺骗等行为，这是极度不可取的。

例如，上网时，时不时就有小窗弹出来，有时一不留神就会误点进去，不仅浪费时间，还有可能使电脑中毒。有时点开新闻标题，弹出的却是广告页面或者是其他不相关商业网站的链接。这种都是违背道德底线的行为，即网络流量背后的灰色地带。一些商业网站的流量只是意味着网站的关注度，他背后可解读的东西不能定论。

关注度很重要，关注度是一切商业价值的基础。但是如果关注度是企业通过违背正常游戏规则的违规方式取得的，则是最不可取的。流量高低只是参考，无论是 PV，UV 还是 IP。流量高不一定会得到投资方或者广告方的青睐，非正常渠道造成的流量骤升是很多网站发展过程中存在的一个畸形行为，其目的是吸引眼球，这种行为往往是道德问题，是主流投资人最大的忌讳，主流投资人最担心投资的企业没有道德底线。

《太公兵法》中提到的“夫用兵之要，在崇礼而重禄。礼崇则智士至，禄重则义士轻死。”说的就是对团队要注重高薪和礼数，谈再多的梦想，员工看不到利益、得不到尊重也无济于事。企业在发展的时候，尤其是在团队建设上都会遇到关键问题：薪水。很多企业由于小或者初创，雇不起人，因此招聘的都是低成本、低能力的人。之前在和一位创业老兵一起聊他们公司的前台的薪水时，这位创业者因为他的人力资源总监给招聘的前台 3500 元的薪水而生气，并批评了人力资源总监一顿，要求下次类似招聘一定要招要求月薪 7000 元以上的前台。究其原因，他解释道，要求在 7000 元以上的前台，那种形象和能力及工作强度都是 3500 元薪水聘来的员工无法比较的，即使给 2 倍的工资，能做出 2 倍的工作，对企业也是合适的，因为节约了管理成本。

“财散则人聚”，一些初进社会的创业者确实需要好好品味这句话。当然，“禄重”不是一味地给高工资，而应该是底薪、奖金、期权等的合理配置。

风水本为相地之术，如今做生意的人们有不少关注风水学。但是无论风水学如何影响创业，这里面需要强调的是“人善，其实是最好的风水”。

下面的一个故事更发人深省。

有一位风水大师着急赶路，上气不接下气，看到一个店铺，向老板要了一碗井水，但是风水大师接过那碗冰凉的井水时，发现里面被老板洒了一把米糠，风水大师只能用嘴吹开米糠，一点点把井水喝下。在聊天的过程中，当老板知道这个过路人是风水大师时，恳求大师给指点一下他们家店铺扩张重建的风水宝地的位置。风水大师看了一圈，指了一个被树林围绕的平地，老板感激不尽。又过了两年，当这个风水大师又一次路过这个地方时，居然发现当时指点的地方车水马龙，生意兴隆，老板看到风水大师时十分激动，盛情款待。之后风水大师把老板叫到身边说出了实话，其实两年前那个时候，风水大师饥渴难耐要喝冰水，而老板洒了米糠让他喝得不爽，因此风水大师指点的那个地方风水其实是最差的。老板得知后也讲出了实情，那时看到风水大师上气不接下气，如果饮入冰凉的井水，易得肺病，而洒了米糠，风水大师就不得不一小口一小口地喝，避免大口饮入。最后风水大师在感慨中得出结论：“人善，其实是最好的风水。”

修心和修身对企业的稳健发展非常重要，对于创业者，“信佛”与否我们不妄加置评，但是佛家常说的“六度”需要创业者好好体会和学习。

“度”梵语是“Pāramitā 波罗蜜多”，字义是“到彼岸”，就是从烦恼的此岸度到觉悟的彼岸。六度就是六个到彼岸的方法。六度包括布施、持戒、忍辱、精进、禅定、般若。

布施，指把自身所拥有或所知道的施予他人。除了财物的布施（财布施）

创业箴言

人善，其实是最好的风水。

外，还包括佛法的传扬（法布施）和信心的给予（无畏布施）。长养慈悲心，能除去五毒中的“慢”，对应六道中的天道。

忍辱，包括生忍和法忍：其为菩萨能忍受一切有情侮辱而不生瞋业，以及外界的寒热饥渴等。

精进，其中包括身精进与心精进，精进修持其余五度。意指身体力行善法、勤断恶根，对治懒惰松懈。

持戒，指恪守戒律（如五戒、十戒）和施行善法，若真持戒清净能除去身口意的三业。能除去三毒中的“悭贪”。

禅定，是心无杂念，不为俗物迷惑颠倒。禅定能除去散乱能除去三毒中的“瞋恨”。

般若，指修行般若以破除、远离“无明和愚痴”，令诸烦恼不得自在。有“缘世俗谛慧、缘胜义谛慧、缘饶益有情慧”三种。能除去三毒中的“痴愚”。

此上六度修行完满之相，称为六度满相。

佛家的几句话，创业者需要好好领悟：愿是天堂，怨是地狱，天堂地狱心念间；信是天堂，疑是地狱，天堂地狱信念间；顺是天堂，逆是地狱，天堂地狱道行间。

成功借壳梅花伞，A 股上市公司最年轻的董事长、游族网络（002174）的创始人、1981 年出生的林奇是一个国学爱好者，这个大学时代曾经扬言“自己的梦想就是有打不完的游戏，吃不完的泡面”的游戏爱好者不仅写得一手好书法，更是有一股永不言败的韧劲，这种韧劲和他从小就爱好国学是分不开的。

“高筑墙，广积粮，缓称王。”是林奇对企业成长节奏的开悟。从毕业开始林奇经历过很多次的创业失败，面对失败时，他的个性，他对人生、对事业的

创业箴言

“高筑墙，广积粮，缓称王。”

懂一些国学并加以实践，创业者的综合实力会增厚不少。

价值观，让他能正确处理一切压力。

林奇，喜欢辛弃疾，喜欢二月河，喜欢研究毛泽东，喜欢现代文学，这个富有英雄情节的创业者一直坚信：人生除了眼前的苟且，还有诗和远方。

懂一些国学并加以实践，创业者的综合实力会增厚不少。

第 2 章

chapter 2

资本的力量

创新，创造，创业，创人生。

——北京大学党委常委、常务副校长　刘伟

股东结构VS企业命运

一家公司能活多久，看这个公司的股东结构就知道了……

一些初入社会的创业者，加上同学伙伴等合作的热情，很容易想到的股权结构就是平均分配。因为都不好意思提出来当老大，平均分配股权看上去是非常完美的分配比例。有一些两个合伙人成立的公司，直接就各百分之五十。但是我们看看，现如今成功的企业当中，存在创始人平均分配股权的公司吗？一些人认为“群龙无首”便是吉，其实在企业中，群龙无首就是没有人最终承担责任。

一个2007年成立的科技公司，四个同学一起创始成立，股份都在25%，经过几次开会讨论，聘任一个为董事长，另一个做总经理，其他两个只做股东。一开始团队的热情让这个公司卖出了不少的产品，企业是盈利的。但是即使企业盈利也一直没有解决一个问题，就是公司对这个董事长和这个总经理两个人的激励问题，这两个人拿的基本上还是2009年公司成立时定好的固定工资。期间无数次的股东开会都会涉及这个问题，毕竟为公司付出的主要是这两个人，而这两个人的出资所占的股份又没有明显多于其他人。但是其他两个只做股东的投资人又觉得当时投资就是为了赚钱才投资的，如果给这两个人分了，投资收益就不够吸引人投资了。就这样公司的股东之间一直在增长中不断地激化矛盾。

终于，2012年年初，企业开始入不敷出，开始出现亏损，这个导火索一下让其他两个只做投资人的股东看不下去了，一边给董事长和总经理发着工资，另一边作为股东是亏钱的。而董事长和总经理却认为自己的能力如果到了别的公司早就有车、有房、有期权了。就这样，企业在股东内部质疑声中清算了……

还有其他类型的案例，最典型的就是主要出资人占大股东，主要干活的当小股东的例子。这种股权架构到最后依然会演变成大股东和总经理之间的不可调和的矛盾，对于公司的融资及上市都是最根本的阻碍。可能有人会说，“没问题的，我们俩感情好”，可是这个“感情”是非常微妙的东西。今天热火朝天的两个人，明天兵戎相见、老死不相往来的太多，无论是娱乐圈、企业圈还是学界。

解决办法：这种架构下，基本原则是要保持干活的人做大股东，一般采取主要出资人以借款的方式借给创业者、让创业者做大股东的方式，创业者最终通过不断的收益来偿还出资人的借款，并逐渐有权利、有责任地干好企业，做强做大。

什么人都可以做股东吗

什么样的人都能做股东吗？其实，如果股东选不好，真的有可能“一条鱼腥了一锅的汤”。

有一些国资背景的股东是否可以引入，也是一个需要综合分析企业行业、企业战略方向的问题，毕竟国资和民资在效率、程序、风格、政策要求上都会有一些需要注意的地方。例如，有一个影视公司因为有国有成分，上市前为了搞到国有相关部门对上市的同意和批文一直煞费苦心。如果选择国有成分进入民资，一定要考虑以下几个问题：国有成分是否真的对公司拿到相关资质或准入有帮助？国有成分是否会在效率上成为问题？具有国有成分背景的负责人一旦不在原位应该如何合作……

对于那些钱少事多的股东，创业者一定要小心。钱少事多的股东往往是让创业者最分心的。一旦这样的股东进来，创业者无疑要更加谨慎、小心地和这样的股东沟通。因为他们已经把大部分的资金投过来，企业的每一次“上窜”或者“下跳”都在牵引着他们脆弱的神经。如果这样的股东无主业，问题会更严重，这样的股东会逐渐提出共同管理的要求，而投资人和管理人职责不分是企业最终被毁掉的常见因素。

有一些机构的基金由于其设立的时候有清算时间的要求，可能投资 2 到 3 年后就要清算或者强制分配投资收益，对于这样的投资方，创业者一定要采取谨慎态度或者干脆禁入。

还有一些出资人的背景太复杂，钱来得不明不白，例如有可能有腐败的因素或者洗钱的因素在，这样的股东绝对禁入，创业者需冷静，越是在极度缺钱的时候，就越是不能“有奶就是娘”。

创业箴言

如果股东选不好，真的有可能“一条鱼腥了一锅的汤”。

到底用谁的钱创业

"当你缺钱时，能拿出5000元的是同事，能拿出20 000元的是亲戚或发小，能拿出50 000元的是兄弟姐妹，能拿出50万元的是父母！但能唯一拿出200万元、500万元甚至1000万元的，是我们！"这是来自某高利贷公司的促销短信，太感人了，这明显是金融和情感的生猛较量！

当自己还没有足够能力赚到创业的第一桶金时，用父母的钱创业，总会缺少对金钱的基本认识。人一辈子在解决的就是三个问题，从哪里来，到哪里去，做什么。从哪里来是根本的问题，当真正攒到第一桶金再创业的时候，之前打工的艰难会让创业者更要求每一分钱都花在点上，就像小的时候乱花钱买奢侈品，家长总会说，等你自己赚钱的时候就不会大手大脚了，因为到那时才会深刻地体会到钱得来不易。

在得到天使轮融资之前，创业的资金最好以创业者的积蓄为主导，可以想象，这时的投资风险是非常高的，如果是别人的钱，即使是亲戚的资金投过来，发生亏损都可能让创业者一辈子抬不起头，而创业者用自己的积蓄创业起家更有"白手起家"的伟大，哪怕亏损也是自己来承担，不会引起周围的纷争。

当然，无论用谁的积蓄开始初创企业，企业现金流一定要有所保障，这是企业得以生存的基础，也是吸引融资的基础，因为很少有投资人会救一个生存有问题的企业或者说去"拉一把"，大多数人只会支持一个发展期、成长期的企业或者说去"推一把"，所以当企业融资之前要全力保持企业各项指标的积极正向。

如果创业的资金有限，想要找其他团队共同出资，这时要谨慎处理一个问

创业箴言

在得到天使轮融资之前，创业的资金最好以创业者的积蓄为主导。

题，就是到底谁是掌门人，谁说了算。其实有很多企业都是技术型的创始人占小股，投资人投资占大股，而这种股东结构百分之九十九都会出现纷争，一是虽然融资的时候创业者非常地坚定技术的优势和企业的美好，但随着经营的深入，股权结构的制约，人性的考验，创业者占小股，会使得企业积极性不强，干事的人分的钱少怎么也说不过去。二是如果创业者工作时遇到短暂的经营困难，大股东很可能担心大额投资的亏损而出面干扰或者派自己的人管理企业，导致这种隔阂越来越大。

那么如何是好呢？初创企业，主要要靠创业者自己的钱创业，如果需要大量资金启动，可以以借款的方式，使得从股权架构上，创业者是控股人。或者，实际操作中也有的企业一开始成立时创业者占小股，但是创业者和做大股东的出资人协定以每年公司的奖励和分红的机制，允许创业者以一定的基准进行增资，直到创始人成为实际控制人为止。需要强调的是，在这个过程中投资人和管理人的角色一定不要混淆，不然企业会走很长的弯路，而错过了了创业最需要拼搏的时期。

财务，创业中一直绕不过的问题

99%的企业都是因为现金流的断裂死掉的。把握好现金流是企业重中之重，但是这需要创业者对财务知识有着必要的重视和基本的理解。

首先，如果企业真的遇到了现金流的问题怎么办呢？例如员工的工资发不出，员工罢工，客户讨钱，债权人讨债……创业者一定要学会，像马云、史玉柱等一样，在最困难的时期，以公司的企业估值为基础，给员工支付股份工资，如果公司价值 5000 万，员工薪水 1 个月 5000 元，一个月就给他支付万分之一的股份，这是很多聪明的企业绝地反击的招数。所以我们看到阿里巴巴在纽交所上市，造就了那么多的千万、亿万富翁的员工……团队，最重要的是有希望和梦想。

在实际创业中，财务出身的创业者不多，喜欢财务的创业者也不一定多，很多创业者的观点都是聘请专业的财务经理来负责足矣。但其实，虽然选个财务总监很重要，但是有一点创业者也要知道，谁懂都不如自己懂。

关于注册公司，懂法和守好本分至关重要，创业企业绝对不能犯虚拟注册资本或者抽逃注册资金的错误，创业者对财务相关法律的重视程度需要提高。如果企业一开始就有基本的、原则性的瑕疵，还何谈企业的融资、做大甚至上市呢？有太多的企业，表面非常吸引投资人，但是根本经不起投资人对其财务和公司治理的尽职调查，这样的创业者即使表面再风光，这颗财务问题的定时炸弹也随时可能将他炸回原形。

关于注册资本，很多企业一开始没必要为了面子等因素注册一个具备几千万或者几百万注册资本的公司，除非相关限制行业有要求，否则轻装上阵的思想对于初创企业绝对是利大于弊的。

创业箴言

99%的企业都是因为现金流的断裂死掉的。

如果真需要高额的注册资本，最好通过创业者筹集或者采取天使投资人注资的方式。但对那种工商局门口经常见到的代理垫资，虚假出资注册资本的千万不要抱任何幻想。不仅人需要安全第一，企业也需要安全第一。

同时，创业者往往也是法定代表人的身份，法定代表人是代表法人进行民事活动的自然人。法定代表人只能是自然人，且该自然人只有代表法人从事民事活动和民事诉讼活动时才具有这种身份。创业者的这种身份更要求其在对外合作、签订合同、对内财务管理等方面遵纪守法，否则会成为一辈子的污点。

关于记账，初创企业根本没必要自己聘请专业的财务人员，有专职的专业性不差的记账会计即可。这个阶段，对于企业而言最重要的就是业务的发展。当然，出纳还是需要的。企业全职的出纳和企业的兼职专业记账会计的搭配情况是非常常见的。

但即使是找专业的专职会计，也要谨慎处理一些基本的问题，无论是发票还是税收，在公司没有专业会计的情况下，创业者要有意识地找机会和兼职会计沟通。一个朋友公司的会计因为在机打发票的项目上没有输入恰当的费用名称，造成最后该项费用无法抵扣应税所得额，给企业带来了不小的损失。细节决定成败，很多案例都说明，简单的一次沟通，可以避免大额的经济损失或者法律问题。

还记得有这么一个案例。

一个做培训的创业企业逐渐发展壮大，在寻求天使投资的时候，一个天使投资机构因对团队的认可初步决定投资，但在投资之前进行尽职调查时，专业的会计师事务所发现企业的三张增值税发票找不到了，由于和税务局开出的张数对不上，企业最终受到了行政处罚，而这家天使投资机构认为企业连最基本的发票问题都没有做好，对企业也就缺乏了信心，最后投资还是泡汤了。

随着企业的一步步发展，专职会计的数量就要越来越多，企业的财务内部控制这时要注意了，尤其是要有所谓的“相互牵制”原则。资金支付或者财务做账都需要相关业务负责人、会计、出纳、法人的层层签字。当然说着容易，

创业箴言

关于记账，初创企业根本没必要自己聘请专业的财务人员，有专职的专业性不差的记账会计即可。

在实施的过程中，业务人员为了推进其业务的方便或者尽早拿到提成，经常成为财务控制的阻力。但是无论如何，只要突破这个阻力，各部门形成习惯和规则后，公司的管理自然水到渠成。这种制约和控制往往会防范一些内部控制问题的出现，更主要的是出现问题的时候，可以直接找到责任人。

尤其对于现金和银行存款，这部分的支出一定需要几个人同时对关键环节进行把控，一定要尽量减少现金的支出，尽量都用银行存款来走账。对公账户的银行也一定要用多个 U 盾，由财务负责人和总经理等同时把控。实际案例中，我们看到因为总经理经常开会不能及时配合财务的转账要求而不得不把 U 盾交回给财务的情况时有发生，而关键的解决问题的方法是做好转账金额的额度调整，并对负责人使用 U 盾的问题形成硬性的要求和习惯。

确定收入是一个非常重要的环节，尤其对于一些新兴的商业模式，在对收入的确认问题上需要和相关专业的会计师确认，否则在税收上，或者在审计时，使得公司在某一年度的实际业绩调整过大，对于企业做总结和业绩规划都十分不利。特别是企业在做融资时，对收入和成本的确认等财务问题的规范和专业程度就至关重要了，否则当出现财务实际情况与谈判时团队介绍的不符时，就很容易引起投资人对企业诚信度的怀疑。

财务人员不像其他的业务人员或者行政人员，很多时候，财务人员的人品比能力更重要，任何一家企业都经不起较大的财务人员的使坏或者犯罪，所以财务人员一定要选择“自己人”或者“久经考验的人”，即使能力不足，也可以给其后天多一些培养和进修的机会去弥补。

之前遇到一家企业，财务主管离职后在其他股东面前说了公司的很多坏话，虽然主要的部分都是不真实的，但是对于公司管理层与股东之间的关系形成了巨大的、潜在的障碍，后来公司创始人花了好长时间和各种方式去证明公司的“清白”。即使是这样，股东们的不信任也已经无形中露出了萌芽。

创业箴言

财务人员一定要选择“自己人”或者“久经考验的人”。

公司暂时发展不好，不赚钱可以，但是公司的财务一定要清晰，要明白赚是怎么赚的，赔是怎么赔的。财务不清晰，会是导致企业股东结构瓦解的最大原因。

关于财务人员的薪水问题，在投资项目时，投资人只要问一下这个公司财务总监的收入，就知道这个公司的财务综合实力是什么水平。一个优秀的财务总监是会对企业的财务、融资、投资等进行统一负责和管理的人才。创业企业的初期配备这样的全能人才是不现实的。但是财务人员的薪水性质与业务人员不同，业务人员基本上需要低底薪、高提成，而财务人员往往需要相对高于平均工资的底薪，适当加上和业务或者公司的业绩挂勾的奖金。财务人员的激励之所以需要重视，是因为财务人员是公司的神经中枢，所有部分都会和财务部打交道，财务部的罢工或者怠工直接影响其他部门工作的情绪和工作的顺畅程度。

有这么一个案例，财务人员的一个不经意的失职让企业万劫不复：

当时该企业有一笔千万元以上的银行贷款，财务经理弄错了还款时间及办理续授信的截止日期，结果企业不仅错过了可以办理下一年续授信的最佳时机，更错过了还款日期，最终企业的信用等级受到了很大影响，在出乎意料的情况下抽出资金及拆借资金来偿还银行贷款，又对企业业务的开展和及时发放员工工资造成很大影响，最终，企业受到了“重伤”。

如果财务人员具有足够的经验和能力，哪怕做事的最基本的积极态度，在银行贷款到期一个月前及时办理续授信，加上有效的沟通，企业不需要抽出这笔千万资金偿还银行，是可以继续滚动使用这笔贷款的，之后的一个又一个灾难就都可以避免了。可见，财务人员的态度和能力是多么重要。

银行的钱成本最低吗

创业者需要用好银行丰富的贷款产品，银行的贷款绝对是较好的财务工具，相比较股权融资或者其他高息借款方式来说，银行的钱是“最便宜”的。

但是和行长打交道也是极度需要技巧的。对于轻资产的企业，想拿到银行的贷款是相对困难的，银行更希望把贷款给予那些有投资人投资过的企业。这个时候创业者一定要利用好企业股东的资源，因为一般来说，投资人的资本资源和能力以及他们作为中间协调人的身份更有利于嫁接金融方面的关系。利用和嫁接企业的天使投资人或者其他股东与银行的良好关系或交情，有股东的钱在里面做“保证”和“背书”，银行贷款的风险就要小很多。

四大国有银行对中小企业的贷款难度大部分会高于其他股份制银行的。相对小一些、灵活一些的银行贷款会更适合中小企业。不同银行的特色项目也不一样，例如，北京银行支持的是文化创意、小微金融等；杭州银行由于其本身的创新特点，在投跟贷等产品的设计和实际操作上很接地气；民生银行因为其最早定位为中小企业的银行，所以更多的贷款产品贴近中小企业；招商银行因为其对新三板的重视，开辟的拟挂牌新三板企业贷款服务计划等还是比较务实的。

另外，每个银行的审贷员各自的背景、风格不同，对于不同的企业或者行业也会有很多不同的看法、偏好、授信额度。因此，创业者与客户经理或支行行长一定要充分沟通，争取把项目提交给“懂”自己的审贷员，往往会有很好的效果。

对于与银行圈打交道的“潜规则”，创业者一定要知道：即使是同一银行的不同支行的银行行长的风格以及性格、能力等都是差别非常大的，所以不能因为一次在某个银行的支行申请贷款受阻就否定这家银行的所有其他支行；与此同时，同一银行的一个支行如果与企业签约并且给予授信或者放贷款的话，这个银行的其他支行基本上与这家企业绝缘了，这是银行业一般的“潜规则”，所以创业者和团队在选择某一银行支行的时候一定要谨慎，有时真的不能“为了一颗小树放弃了整个森林”，同一个银行交几个不同支行的朋友会比较出很大的差异性。

与银行接触一定要抱着先建立合作关系、再逐渐增加授信额度的原则，很多情况下需要互相了解和信任后再展开长期合作。有太多的创业者初期为了企业的生存去卖房卖车，而用房产抵押的方式向银行借款。创业者的股份在企业中不占绝对控股数量的时候，很多创业者是不愿意拿自己的资产给银行的，这就是股权投资的关键哲学，一定要让创业者绝对控股，不然在很多需要实际控制人承担无限连带责任的情况下，很难找到合适的或者勇于承担责任的人来承担。

担保公司是与银行贷款配合的金融机构，担保公司大多出现在企业的信用贷款无法审批通过或者贷款额度有限的时候。虽然会给企业增加百分之几个点的贷款成本，但是如果有效利用当地高新区或者经信委、科委、文资办等类似机构获得贷款贴息，会大大节省财务费用。

银行圈的朋友就像投资圈的朋友一样，从创业者创业之初就需要开始扎根接触，有备无患。除了要充分了解某个银行的政策之外，与行长和客户经理本人的关系也需要长时间的经营，银行也是一个跳槽频繁的职业，说不定哪天，你的银行朋友就会因为他的东家换了，用上了新的政策就可以为企业贷款了。

如果在几家银行贷款，对于企业贷款及还款的步骤一定要做好规划，否则万一企业经营捉襟见肘时，银行那边又催着还钱，企业就面临逾期还款的风险了，企业的命运也就风雨飘摇了。

而且，企业一定要小心，在还完银行贷款并准备做银行续授信的这段空白期里，其实存在很大的变数，即万一之前银行答应的授信最终由于某些原因没有到账，企业一定要做好资金的安排。

创业箴言

企业一定要小心，在还完银行贷款并准备做银行续授信的这段空白期里，其实存在很大的变数，即万一之前银行答应的授信最终由于某些原因没有到账，企业一定要做好资金的安排。

企业的财务规划一定要做好提前量，很多手续的操作都需要一定的时间来完成，而企业一旦出现必须还款或者必须借钱发工资的情形，就陷入了一些小额贷款或者快速融资贷款（或者称“高利贷”）的极其危险的境地，也就是所谓的“过桥”。即使这样，作为创业者，这样的可以救急的钱的资源也是要提前交往的，否则一旦企业由于计划没有变化快而在短期内紧急用钱时就无从下手了。

这种小额贷款的钱一定要在短期内还上，否则企业就会陷入另外一个死循环。

还记得之前我准备投资的一家企业，从团队、行业、创业者、实力、名气、办公室气场等都是无可挑剔的，但是司机与企业门卫的一次短暂的聊天让我本来准备投资的决心一下子荡然无存。这家企业的门卫说他也是刚来到企业，别的没有什么问题，就是每天都有几波讨债的。这句话一出，真的惊出一身冷汗，之后沿着这个问题深究下去，确实发现董事长由于短期融资的需要在外面借了一些外债，而因为短期内无法还上，就用新债补旧债，企业无限制地陷入死循环中。在这之后又得知该创业者因胳膊受伤住院，侧面打听原来是因为社会上的一些高额利息债务没有及时还上而遭受催债方的逼迫。

其实作为主流的创业者，上面所述的这种事情一定要远离。

关于补贴。聪明的创业者应该精通五件事：政策，市场，产品，管理，资本。政策其实是第一位的。

之前我遇到的一家企业，虽然公司收入规模不大，利润不高，但是其中有一半以上的收入都来自政府的各种补贴，虽然这家企业对政策依赖性太强，但是创业者应该看到，如果重视各类部门的政策，熟悉各级政府机构的补助措施对企业来说一定是大有裨益的。

股份制改革、挂牌新三板或上市，无论是当地政府还是高新区管委会，大都有几十万元甚至百万元的补贴。而各种创新的技术、版权、文化项目，在相关主管部门例如科委、贸促会等会有一定的鼓励措施。之前我在评选科技部的创新创业人才时，了解到创业者本人确实可以申请到一些科技部的人才计划等

创业箴言

如果重视各类部门的政策，熟悉各级政府机构的补助措施对企业来说一定是大有裨益的。

奖励，奖金在几十万元到几百万元；在评选科技部的创新创业大赛项目时，获奖的企业也有几十万元不等的补贴。

曾遇到一家企业，每年都有专门的负责人对接其公司专利技术、研发等去申请政府相关部门补贴或奖金，而且每年都会从相关部门申请到几十万元不等的资金。其实，熟悉一些政策，申请一些政府的支持资金，也是符合政府积极鼓励和促进企业发展的要求的，而得到这些补贴，有时往往需要创业者对政策有些许的重视和把握。

创业者有两种收入，后者的比例越大说明越成功

赚钱绝对不应该成为创业者的最终目的，但是创业一定要学会赚两种钱并深刻明白它们之间的区别。

第一种是经营性收入，创业之前是打工收入，创业之后是公司给创业者发工资的收入。经营性的收入再普通不过，这也是创业者生存和生活所需的基本收入的保证。

第二种收入是资本性收入，在企业逐渐做大以后，企业价值不断提升，创业者通过获得股权激励、获得投资分红或者转让股份、股份溢价获得的收入。

创业者一定要重视第二种收入，资本的力量是企业的源泉，第二种收入的多少与创业的资本意识和资本能力有直接关系。而且，资本性收入的比例越大，说明企业运营得越成功。

创业之后，创业者不仅需要为自己负责，还要为团队负责，为合作伙伴负责，为企业负责，为投资人负责。资本的力量是完成以上所有的最核心要素，而者第二种收入也是成功的创业者可以带给“大家的”。

创业箴言

创业者有两种收入，第一种是经营性收入。第二种收入是资本性收入。

如何撰写商业计划书

收到过几个创业项目的商业计划书，居然就是企业宣传册的改版，试问，这样的商业计划书有成功融资的可能吗？作为创业者，关注过商业计划书的写作方式和技巧吗？什么样的商业计划书才是投资人喜欢的呢？什么样的商业计划书才是可以“戳到投资人兴奋点”的呢？

好酒不怕巷子深，企业自身发展得好要比商业计划书编撰得好更重要，创业者应该把写作商业计划书看成是一份对自己企业的梳理过程，一份充分了解自己、充分了解市场、充分了解竞争对手、充分分析未来的过程。商业计划书不应只是一份融资说明那么简单。

创业者一定要重视商业计划书，重视资本的力量，因为一切行动来源于态度。有些创业者不重视外表、只重视做事，不注重管理、只注重业务，不注重商业计划书，只认准“酒香不怕巷子深”、“好公司自然有人投”，其实不然，往往那些读商业计划书的投资人都是和创业者不太熟悉的人，在不太了解创业者和企业的情况下，唯一的了解途径只有商业计划书，可见商业计划书的重要性。

此外，建议创业者花一些时间去看上市公司的招股说明书。一份相对完整、相对专业、相对合规的商业计划书应该向招股说明书的标准看齐。招股说明书是一个相对较全的范本，与创业企业类似的公司的招股说明书是创业者应该借鉴的。

招股说明书的主要内容包括：重大内容提示，释义（一般释义，专业术语释义），概览（公司概况，实际控制人概况，公司竞争优势，公司财务数据，公司募资情况），风险因素，公司基本情况（公司股份制改革或重组情况，公司组织结构，公司控股公司或子公司情况，公司主要股东和实际控制人情况，股本情况，员工及社保情况），业务和技术（公司主营业务和服务的变化，行业基本情况，公司在行业中的竞争地位和竞争对手，公司拥有的与业务相关的经营性资源要素情况，

公司拥有的特许经营权，公司的核心技术、技术储备、技术人员、和创新机制情况），同业竞争与关联交易（同业竞争，关联方及关联关系，关联交易），董事、监事、高级管理人员与其他核心人员基本情况，公司治理（股东大会、董事会、监事会、独立董事、董事会秘书制度的建立健全及运行情况，近三年违法违规经营情况，资金占用和对外担保情况，内部控制相关情况，对外投资、担保事项的政策及制度安排和执行情况），财务会计信息与管理层分析（审计意见类型及会计报表编制基础，公司报告期的财务报表，主要会计政策和会计评估，公司适用的税种税率和税收优惠政策，会计政策、会计估计变更及前期差错更正，非经常性损益，公司主要财务指标，历次资产评估情况，验资情况，公司重大担保、诉讼、其他或有事项和重大期后事项，财务状况分析，盈利能力分析，现金流量分析，资本性支出分析，公司财务状况和盈利能力的未来趋势分析，股利分配），募集资金运用（募集资金运用，募集资金投资项目分析，募集资金运用对业务经营、财务状况及经营成果的影响），未来发展与规划（公司当年及未来三年发展规划及发展目标，募集资金项目在促进未来发展以及增强成长性和自主创新方面的影响，实施上述业务发展计划的基本假设和面临的主要困难，公司业务发展计划和发展目标与现有业务的关系）等。

以上只是一个相对较全的格式，当然，针对企业的规模大小、发展阶段的不同，商业计划书包含的内容也不尽相同。但是，随着企业的不断发展和实践，创业团队会逐渐地填充这个较全的范本，这也正好可以看出企业之间发展的差距，并因此找到努力的方向。

初创或者天使轮、A 轮融资的企业，包含的内容应该更加注重创业者、创业团队的背景和能力的描述，以及项目本身的优势和前瞻性。初创团队的商业计划书一定要抓住投资人的兴趣和信任，尤其避免留下假、大、空的印象，如何诠释才能让投资人对这个做事的“团队”感兴趣，或者如何诠释才能让投资人对这个团队“做的事”感兴趣，是写商业计划书时的一个基本出发点。

创业者对“目前”运营情况的说明是关键的第一步，要有对运营数据的说明，对目前用户反馈的说明，对目前团队解决方案的说明。要通过专业的分析能力和解决问题的能力去向有专业经验的投资人说明“这个事只能这个团队干，

创业箴言

创业者一定要重视商业计划书，重视资本的力量，因为一切行动来源于态度。

初创或者天使轮、A 轮融资的企业，包含的内容应该更加注重创业者、创业团队的背景和能力的描述，以及项目本身的优势和前瞻性。

这个事只能现在切入才是个机会，这个团队的能力在同行业里面是领先的”。

其实，有很多很务实的创业者一般在忙两件事情，一件是赚钱的、干得不错的、可以保证现金流但没前途的事，一件是充满机遇和挑战的、可以引领行业发展并实现梦想的、需要持续融资的事。创业者完全可以很坦诚地把这两种事情进行充分的介绍，因为梦想固然重要，创业者目前的赚钱能力也是投资人非常看重的。

对于投资人来说，最不喜欢看的就是满篇专业的术语和生硬的文字，商业计划书中的专业数据最好用图表来表示，而且图表最好是创业者团队经过自己对行业和竞争对手的理解去诠释的，而不是简单地引用行业数据。

在对项目进行说明的时候，一定要体现出创业者对产品的“完美主义”的认知，一个成功的创业者往往都是企业的产品经理，同时，也应适当迎合或者引领市场对产品的认知，充分体现出创业团队的市场敏感度和产品专业性。

融资的金额一定要适中。看过很多的商业计划书，几千万的融资金额，粗略的资金使用说明，这是非常不负责任的表现。融资的金额和使用的情况一定要经得起推敲，即使需要很大的资金支持去推动项目，也可以分批、分期地进行融资，与此同时，资金的使用情况越细化，投资人对创业者驾驭资金的态度和能力就会越放心。

虽然商业计划书的语言需要专业的知识，但是“专业”不代表“听不懂”，连一个普通读者都无法理解的商业计划书一定不是好的商业计划书，其语言一定要通俗、易懂。

投资人喜欢的是那些把复杂的事情表述简单的创业团队。

另外，针对不同背景和风格的投资人，如果条件允许，商业计划书可以适当调整。例如，如果是面对本行业出身的投资人，就需要在项目本身的专业性上展示足够的内容；如果是面对财务出身的投资人，就需要在项目的投资回报

创业箴言

商业计划书中的专业数据最好用图表来表示。

投资人喜欢的是那些把复杂的事情表述简单的创业团队。

及财务规范性上多下功夫；而面对一些相对感性的投资人，就需要在描述团队背景、团队能力、团队精神、团队风格上多加展现。

好的商业计划书也一定要注重前后顺序，如果一开始不能以公司或者团队的亮点打动投资人，很可能后面的故事就不会有人继续读下去了。无论如何，换位思考是一个简单的窍门，创业者完全可以模仿一个投资人的角色，时常地审视并修改企业的商业计划书。

融资是一条不归路

在投资协议中，有个问题一直绕不过去：一些项目是没有回购条款的，一些项目是有回购条款的，这是投资协议的关键。不少创业者不愿意签订回购或对赌条款却振振有词："看好我你就投，不看好就不投，回购和对赌是不可能的"，也有一些创业者知道"出来混早晚是要还的"，用了谁的钱，亏了也说不过去，投资人的钱不是一句"亏了"就可以一走了之的。

对于很多没有"家底"的创业者，天使投资人要求他们回购是不现实的，即使企业出现问题，按照有限责任公司的相关法律实行破产清算即可。但是说得简单，如果出现问题，遇到特别较真的天使投资人，真可能会缠着创业者一辈子。

所以，创业者一定要知道：融资是一条不归路。当企业融资时，投资人投资进入公司，过些年后，股东会要求分红，企业面临竞争压力和做大的要求，需要持续的资金，分红的概率不大。不分红就需要让股东享有股份的价值增值，就需要继续做强、做大，但是业绩的增长或是由于资金进入，亦或是因为获得某些资源，无论哪个原因都需要持续的资金补给，随着企业逐渐做大，现金流就崩得越来越紧，这就要求持续融资。而这时公司发展壮大，只能找一些大的投资机构，等大的投资机构进来就对企业上市的要求越来越强烈，创业者此时基本上已经无法回购之前的大额融资，股东们的退出只能通过上市或者被并购，而上市也是在融资，上市后还要为了股价增值继续融资，进而不断收购好的项目……

就这样，融资成了不归路。

创业箴言

创业者一定要知道，融资是一条不归路。

其实条条大路通罗马，融资或者上市不一定就好，也不一定不好，适合才是最重要的。但是有一点一定要知道，这是一个“大鱼吃小鱼、快鱼吃慢鱼”的时代，无论是员工激励、股权融资还是银行贷款，如果企业需要持续扩张，就需要融资，即使融资是一条不归路。

融资该如何谈

企业融资是一个过程，有时候这个过程会很漫长，有时候需要厚积薄发，有时候需要一蹴而就。在这个过程中应该注意哪些方面才能更快地搞定投资人呢？

首先，跟投资人认识的场合很重要。融资方和投资方若是在某一个大型会议上交换名片后才认识，便立刻转移到融资谈判场所，双方谈判的基础不够扎实，彼此会有所设防；但如若双方是经过信任的朋友介绍认识的，双方的认可度就会无形中提高；或者，如果双方是在一个休闲状态下认识的，比如，旅游、打高尔夫、吃饭，在这样放松的场所，在这样无商业目的性的情况下结识，彼此也比较容易建立一个良好的印象及关系。为什么现在各大学的 EMBA 班学费那么高，招生还依旧火爆呢？因为同学关系往往会形成强大的信任基础和感情基础。

跟投资人认识的场合往往决定双方将来的关系发展厚度。跟投资人认识最好的场合是双方都放下戒备时，这样有助于双方快速建立认同感。即使是在会议上通过交换名片结识的，也需要逐渐建立稳固的友情后再提及融资事宜。

其次，感情分。有时投资人跟企业第一次谈判时，创业者就一鼓脑地罗列并介绍了他的整个团队，以及公司运营状况、财务情况等。如果投资人和创业者没有建立信任基础或未形成一定的友情关系，太多地暴露企业的情况和问题很容易让投资人拒绝投资。若投资人认为该企业在某一方面没有达到理想状态，从而拒绝以后的见面交流，这样的谈判就是失败的。

创业箴言

首先，跟投资人认识的场合很重要；

其次，感情分。

双方在初步接触时，只需建立良好的信任度。这将为投资接下来进行的步骤打好基础。

初次见面，企业家与投资人的谈话不要太深入，只需要与对方建立良好的信任度给彼此一个良好的印象，这样在以后的见面谈判中，就算投资人对企业某些地方不满意，也会有感情分。认识之后的推进关系和继续保持足够的联系也是创业者需要考虑的重点。

另外，团队和企业的自我魅力需要有效地展现。

一个朋友拜访预备投资的企业，去了几次后朋友说不投资该企业了，朋友向我们解释了原因，原来朋友几次去该企业都未得到很好的接待，甚至一杯水都没喝到。相反，如果投资人拜访时，企业提前询问是否需要车辆接送，在到达公司时告知公司的无线网账号，在投资人就坐时专业地询问需要喝茶、咖啡还是饮料等，在细节方面做得很好，会给投资人一个很好的印象，同时也能体现公司的自我魅力。

小事成就大事，细节成就完美。创业者的魅力是至关重要的，创业者在与他人谈判时，谈吐、行为举止就体现了创业者的个人魅力。这样可以吸引投资人，双方的默契度也会有一个提升。

同时，一定要知己知彼。对投资人的了解是一切谈判的前提。投资人对企业经营管理的认可是对“物”的考察。兴趣和认可体现在双方谈判时，投资人对企业的运营模式及理念的认可，决定于投资人是否对这个项目感兴趣。

创业者在公司运营时应该换位思考投资人的想法，来完善自我的经营理念。但切勿只有想法而没有实质性的努力。

估值，关于这个始终绕不过去的问题，企业一定切勿盲目“高估”自己，总把自己与行业的前三甲进行比较，这样会破坏与投资人以前建立的关系，显得自己市侩。应在一个合理的基础上继续维护双方的信任。

企业家应该丰富自我知识，学习如何估值，“知己知彼，百战不殆”，估值没有绝对的高和绝对的低，但是关键是拿企业的业绩说话，在给予高估值后，一定要用自己的业绩来兑现企业的高价值。

对于已经盈利且业绩增长较稳定、未上市的的企业，可以按照市盈率法估值，目前一般企业价值是企业净利润的 8 ~ 12 倍。如果企业还未盈利或者是对于某些行业例如互联网等，估值的基础一般按照同行业用户数比较的方式。

气势，绝对不能被忽视。企业融资时，多种细节呈现出企业正在一个上升的趋势中，这样会吸引投资人的目光。成功的人在企业发展好的时候融资，因为在企业真正急缺钱的时候是很难融到钱的。

至于谈判的时间、地点、人物，一般来说，晚上较下午放松，下午则较上午更为放松。有的创业者经常变换地点，例如，公司、厂房或者别的地方，如果掌握得当，适当变换谈判地点，可以在无形中让投资人对企业有一个全面的了解。如何能在无形中体现企业在生产、销售、管理上的优势是需要创业者深思的。

但要注意，若掌握不当，会给投资人营造莫名其妙的感觉，对以后的见面有些许抵触。变换地点应该有一定的逻辑性。

在与投资人谈判时，团队应展示亮点。例如某个游戏公司在进行谈判时，让正在给公司谈代言的某名人一同出席，这样既可以从侧面体现企业的具体情况，同时也会增强公司的气场。谈判的人物可以从感性的方面吸引投资人。

谈判事宜应由专人负责。企业与投资人意见相驳时，专门负责融资的负责人可从中周旋，碰到投资条件、对赌条款、回购条款等也便于双方协调。同时，这样可以及时解决问题，从而推进项目。如果所有的事情都是创业者在做，那样的企业管理会让投资人担心。专人负责项目会体现企业的专业性。

大气，一直需要被强调。创业者在与投资人商务洽谈或吃饭时会极大地体

创业箴言

大气，一直需要被强调。

现企业的各方面细节，要努力让投资人了解企业家的各种优点，尤其要体现出创业者的大气和品性。某行长与企业协商贷款事宜，虽然未成功为企业贷款，但是企业创业者并未对此耿耿于怀，相反，他为该行成功介绍存贷款的客户，企业创业者的大气让行长对企业创业者的人品很佩服，最后决定贷款给该企业。

创业者在与投资人交往的过程中应该树立良好的自我形象，日后相处过程中也要多为对方的业务着想，做事大气，也是大有裨益的。聪明的创业者会经常组织投资人的饭局，经常向投资人请教并汇报进展，这样的大气早晚会带来回报。大气并不等于奢侈或者不节俭，大气往往体现出创业者的格局。

另外，企业每轮融资的时候绝对不能大范围地寻找投资人，因为不同投资人的风格不同，如果大范围地打出企业正在融资的风声，当投资人们在一起沟通同一个项目时，对于融资项目与其投资风格不相符的投资人，往往不会说自己风格或者投资约束的原因，很可能找出很多企业自身的问题和劣势来解释其不投资企业的原因，而这样很可能会造成最终企业融资的失败。

此外，还要注意人民币融资与美元融资的不同之处。尤其对于美元融资，在签约之后的 3 个月，企业会花很多成本做海外架构，而在做海外架构的这 3 个月时间里，美元融资的钱只是相当于过桥一样借给企业，如果这 3 个月里企业出现任何负面的征兆，投资方随时可以要求创业者还钱，有经验的创业者都是在做完海外架构的时候再要求美元基金签投资协议的。

创业箴言

要注意人民币融资与美元融资的不同之处。

为什么要上市

对于创业，一直逃离不开的话题就是“上市”。但是，一些没有上市、没有引入投资机构同样造就优秀企业，例如华为、老干妈、鲁花集团等。

华为的任正非和老干妈的陶华碧，这两位成功的企业家提出共同的理念：不上市。《金融时报》报道，任正非前不久在伦敦的一个新闻发布会上对记者表示：“事实上，（公众）股东是贪婪的，他们希望尽早榨干公司的每一滴利润。而拥有这家公司的人则不会那么贪婪……我们之所以能超越同业竞争对手，原因之一就是没有上市。”

陶华碧说得更绝：“我坚决不上市，一上市，就可能倾家荡产。上市那是欺骗人家的钱，有钱你就拿，把钱圈了，喊他来入股，到时候把钱吸走了，我来还债，我才不干呢。”

谈到上市问题，很多创业者经常会问我为什么上市。其实，如果企业自己活得很好，真的没有必要上市。但是当其他竞争对手因为资本运作，可以尽可能地放手去投资和布局的时候，创业者们就会发现资本的力量是很强大的。当创业者历经一轮又一轮的融资之后，又会体会到，股东的钱主要是通过并购或者上市才能实现退出的。也因此，上市不得不提到日程上来。

近年来的轻资产公司有几个特点：

✓ 超过 10 年以上的企业很少；
✓ 做大的企业很少；
✓ 做大的或者上市的很少是技术出身。

前些年《黑冰》、《黑洞》等反黑题材电视剧异常火爆，可随着国家政策等要求，后来的一些反黑题材未等播放就被限制播出了，造成当时一批影视公司倒下。一个优秀的制作人或者影视公司绝对不能被固化在某个题材上，那样反倒是企业最大的风险。

企业绝不能一味追求先有投资机构和资金的涌进，再伺机做强做大，“先做强，并伺机寻找合适的投资机构”是个正确的选择。

当年华谊兄弟凭借几部优秀电影打响名气后，投资机构竞相追逐，当时华谊兄弟对自己在哪儿上市并没有完全确定，其实这些投资机构明白，不用想太多企业如何上市和机构如何退出，只要投资到“优秀并不断发展”的公司和团队，风险可控，就很有可能获得高额回报。

资金的涌进，对于企业扩大发展、由小变大来说具有非常大的作用。当年，《绝不放过你》和《春桃的战争》的金牌制片人刘春丽由于资金的投入产出的周期限制，之前十年基本上保持每年做出一部精品剧的节奏。但当其与金英马集团合作后，控股公司的资金支持使其一年内制作并发行了两部优秀的电视剧作品《家产》、《新上门女婿》，而《家产》的投资回报率居然将近百分之三百。

创业者一定要学会分享。这句话说起来容易，可是真要做到就要看本事了。因为对于优秀的手下，就要配比一个合适的薪水，这个薪水要既能让他觉得生活各方面满足而不轻易被别的公司挖走，又能让他觉得与自己创业的高风险相比，更难以割舍。也因此，创业者不得不以股权激励的方式去激励企业的高管团队，但是，当高管们拥有股权后，企业更需要走向资本市场，或者被并购，或者独立上市，因为要让兄弟们得到真正的“实惠”！

创业者除了应该会授权于人，自己也必须在业务管理的基础上学会人事管理、财务管理、相关法律等，因为有不少企业做起来后，创业者完全成为董事长退到后面，不直接进入操作层面，可是这时，企业逐渐不禁风雨，惨淡收场……

创业者是企业的核心，是所有员工、投资机构、客户、中介机构为之旋转的中心。因此，企业如何可以避免陷入小而弱，从根本上说，都是看这个领导人个人的能力，自己先做到伟大，才会汇集伟大的合作伙伴，并最终成就伟大的事业。

创业箴言

“先做强，并伺机寻找合适的投资机构”是个正确的选择。

有不少的创业者总是要问：我们活得很好，为什么要上市？但是当他们看到几年前的质疑最后变成了一种资本市场上的淘汰的时候，那种自我良好的心理便荡然无存了。做企业必须要未雨绸缪。

当然，也有不少创业者，敏锐地看到竞争对手的融资意图，意识到资本的力量，通过各种方式去了解资本、探讨资本，最后把资本作为企业做强、做大的工具。

其实企业上市都是被股东或者竞争对手逼迫的。

之前曾经怀疑过融资或者上市的创业者们过了些许年看到自己的晚辈通过资本的注入和资本运营的方式，不断走向资本市场和铸就辉煌，看到自己企业的产品和技术被晚辈超越，看到自己的客户都愿意和上市公司合作，这些曾经犹犹豫豫的创业者们再也坐不踏实了……

创业箴言

其实企业上市都是被股东或者竞争对手逼迫的。

没有上不了市的企业，只有上不了市的董事长

当企业上不了市的时候，大部分的原因会归咎于行业问题、时机问题，或者创业者直接搪塞说不想上市。其实企业上不了市最主要的原因就在于创业者，没有上不了市的企业，只有上不了市的董事长。

虽然从表面上看上市对行业的制约是有的、对企业的历史沿革的要求是有的，但是只要有决心、有能力上市，对于创业者来说，其他的阻碍都不是根本问题。有太多的创业者，没有太坚强的成就梦想的欲望或决心，加上企业经营面临的重重压力和业绩的下滑，上市问题只好搁浅。还有不少创业者，企业经营不错，但是由于总是愿意算小账，为了少缴税，少雇用高薪员工，企业发展一直处于瓶颈期，企业财务一直处于不规范的状态，融资和上市都被耽误，也因此因小失大。

对于上市，一切最根本的问题都是人的问题，而做好自己，做好业务，做好管理，认清形势，把握大局，是创业者走向资本市场的前提。也因此，上市其实是艰难的，毕竟创业者要经过一道又一道的坎儿，从创业到上市至少也有“九九八十一难”。也因此，成为上市公司的企业是值钱的。

对于企业来说，股权融资也融入了股东，而对于创业者，一定要充分利用投资机构和股东们的力量。

股东就是不发薪水的高管。

情投意合的投资机构进入企业后，会规范董事会、监事会以及公司业务、

创业箴言

没有上不了市的企业，只有上不了市的董事长。

股东就是不发薪水的高管。

财务、法律、人事等的管理流程，会逐步像上市公司一样要求和规范，从而摆脱创业者“小创业者”的境界，逐步像“大创业者”的格局去发展。虽然投资人或者投资机构的引入表面上是在为公司提供资金，但往往各个股东们为了共同的目标，会在包括业务、人脉、政府、中介等在内的机构提供强有力的帮助。很多公司上市时寻找的券商、会计师事务所、律师事务所等机构中，有不少是股东基于资本市场多年的经验和上层人脉精心挑选的。

创业者和投资机构都应该抱着一颗不能对不起对方的感恩的心。

创业者和投资机构相互选择时，从一开始就要选定那些“情投意合”、“志同道合”、“品性相投”、“乐于沟通”的，如果前期沟通时就非常蹩脚，到后期很可能会两败俱伤。

投资协议签署存在技巧，协议执行需要执着和努力。投资机构与企业签订协议，对于轻资产类的企业、主要靠人的企业，基本上都会是在利润的增长、上市成功与否上加以约束（例如对赌和回购条款）。创业者一定要协调好业务的推进和财务的管理，很多创业者自以为可以达到收入或者利润的对赌，但是在财务的收入确认上因为没有及时把好关（例如收入确认方式的不明确统一、业务合同签署的不明确等），容易造成所谓的“对赌失败”。

企业一旦准备要走向资本市场，需要逐渐地多接触并选择优秀的券商、会计师事务所、律师事务所，因为有优秀的中介机构保驾护航，往往是投资机构选择投资该企业的另一关键因素。投资机构愿意相信这些著名中介机构花费时间和精力并不是为了赚取前期费用，更主要的是看好企业上市的可能性。

保持和投资人的经常沟通与互动十分重要。企业在人才、财务、资源等方面寻求股东的帮助时，顺畅和有效的沟通是处理投资人关系的关键。投资人或者投资人机构怕的就是很多事情要猜、要等。

那么到底多长时间与股东沟通一次比较合适呢？如果长时间不沟通，再坚定的信任也容易大打“折扣”，而股东对企业的不信任对于公司绝对是灾难。一

创业箴言

创业者和投资机构都应该抱着一颗不能对不起对方的感恩的心。

保持和投资人经常沟通与互动十分重要。

般来说，即使公司业务再忙，与股东的沟通也最好不要少于两个月，即使创始人不能与股东们亲自沟通，公司的董秘或者投资人关系负责人可以做到与投资人或投资机构至少每两个月的顺畅汇报和沟通，或者过年过节经常组织饭局以及邀请其参加公司内外的活动，对于处理好投资人的关系都是大有裨益的。别看沟通很简单，如果沟通不畅，投资人给的压力或反作用力也会压垮整个企业。

什么样的企业更受投资机构的青睐呢？领导人的魅力是关键，做事大气、善于沟通、团队凝聚力强是经常被考察的重点。同时，投资机构也经常会用“靠谱或者不靠谱”来形容一家企业的领导人，所以如何能做到“靠谱”并给投资机构留下“靠谱”的印象是企业领导人需要思考的。其次，企业和领导人的口碑是投资机构必问的，企业保持圈内良好的口碑尤为重要，对于投资机构来讲，任何一个关于企业和领导的负面评价都可能对投资决策造成不可挽回的影响。

创业箴言

领导人的魅力是关键，做事大气、善于沟通、团队凝聚力强是经常被考察的重点。

创业者应该炒股票吗

如果要问 2015 年最让人振奋的资本事件，无疑就是 A 股的大牛市。投资这门科学一直提倡抓住热点、抓住趋势、抓住行情：2007 年，房地产投资异常火爆；2010 年，全民 PE 蔓延神州大地；2014 年下半年，如火如荼的牛市真的来了。散户们陆续躁动起来，僵尸账户开始复活，过去的股神们也卷土重来……2014 年 A 股沪指涨幅 52.87%，“牛”冠全球，2015 年刚开年的中国股市也是再创新高。A 股单日成交记录不断被改写，甚至创出了连续多日破万亿的世界纪录，可是这轮牛市行情的巨量资金主要来自于散户的融资融券和银行贷款，这次牛市也被称为“杠杆上的牛市”。与此同时，不难看出，散户一直是中国证券市场的最主要力量，而散户基本集中于企业主、公司白领以及“大爷大妈”等。

作为投资人，在这个创业投资圈里一直被灌输着一种基本思想：投资要投那些全力以赴做一件事业的人。这里的“全力以赴”指的就是“精力”和“财力”的孤注一掷。如果创业者在经营自己事业的同时，进行股票热炒、房地产投资、经营多家企业的“三心二意”，投资人一般会认为这样的创业者、尤其是企业初创时期的创业者很不靠谱，毕竟这种行为本身就是缺乏“破釜沉舟”精神的体现。也因此，不少擅长“聊家常”的投资人，从嘻嘻哈哈聊天或者喝酒中“套出”了不少创业者“狡兔三窟”的内幕，没有太多经验的创业者本以为是在炫耀自己的博学多才，而最终的结果往往是换来投资人因为其“太不专心”而拒绝投资。

那么，创业者到底是否应该炒股呢？

首先，需要分清一个基本的概念，就是“投资”与“炒”的区别。炒往往

创业箴言

真正利用资本的力量去发展企业的合格创业者，不是花大量的精力去炒股票，而是直接把自己的公司做上市。

是短线的、投机的行为，而投资，是相对融入更多的科学和价值分析，且一般是中长线的行为。虽然 2014 年下半年开始，尤其进入 2015 年，身边的“炒股”的人多了起来，但创业者最好还是把主要的精力放在创业和实业本身，如果把握不住自己，公司倒闭的几率会非常大。之前考察过一家做海洋防腐的高科技创业公司，尽职调查后发现公司主营业务是亏损的，而最终的财务报表显示出来的盈利是因为每年的二级市场的投资赚回了不少的投资收益。虽然表面上看公司让股东赚到了钱，但是哪个投资人愿意去投主营业务亏损而非主营业务盈利的公司呢？直到现在，我们一直没有看到一个可以鱼和熊掌兼得的初创企业的创业者，即股票炒得好，公司干得也好的人。因为，真正利用资本的力量去发展企业的合格创业者，不是花大量的精力去炒股票，而是直接把自己的公司做上市。

从职业的转化角度不难发现，从做实业的人逐渐转向做投资的人相较那些从投资的人逐渐转向做实业的人，要多得多。一般来说，创业出来的成功人士往往会把创业的经验融合到投资业务中去，而做过投资的或者金融专业人士，已经经历了太多的资本融通和虚拟经济的玩法，安下心来主攻具体的某一个项目是很难的。所以，资本的浮躁很容易让创业者缺少应有的“奋斗精神”和“饥饿状态”。

从以上角度看，创业者最好对于股票的关注有一个限度，一定要主要的精力放在公司的实际经营和管理上。

可是，从另外一个角度看，我们一直提倡的创业者的资本意识和资本能力又需要创业者具备足够的资本感觉和资本头脑，股票其实是一个让创业者充分了解宏观经济、产业热点、竞争形势、员工激励、股权融资、债权融资、并购重组、市值管理、舆情管理以及生态圈整合的很好的工具。如果创业者适度地做一些股票投资，会对企业的资本运营有特别大的帮助。当然，创业者进行股票投资的前提是运用科学的价值分析、人性分析、公司成长性分析等方式，而不是过于使用技术面或者靠听消息的方式。

企业做得越大，创业者接触二级市场和投资二级市场的机会越多。例如，马云虽然是阿里巴巴集团的董事局主席，但是通过看马云在二级市场投资的恒生电子、华数传媒，以及在 2014 年年末增资投入的华谊兄弟，都可以看出其生态圈概念下的二级市场投资的热情。越做到后期，创业者越向投资人的角色靠拢。

2015 年是让创业者的能力和心态极具考验性的年份，不仅考验创业者能否抓住政府给予的“大众创业，万众创新”的政策机会，更考验创业者能否正确抉择资本贪婪和资本工具释放出的挑战和机遇！

新三板就像炸酱面

几年前，新三板还不是特别流行的时候，也是企业进入新三板的好时机。其实，很多政策都是这样，一开始的时候条件很宽泛，但随着后来的实践及发展，门槛会越来越高，而之前进入的那些就成了壁垒或者资源，这是需要创业者重视的。

创业者在投资新三板企业的时候都很担心风险会很大，相比来说风险会比投资所谓的大公司要大一些。新三板的特点是有很大的风险包容性。

提到新三板的交易活跃度，大部分投资机构的原话就是“觉得这块是国家推动的方向，需要好好布局”。很多投资机构都是这个布局和掘金的想法。投资人把这看成是战略制高点，先把这个点占据再说。这个布局和券商很像，很多大的券商一开始根本不重视什么新三板之类，但后来发现新三板是企业的蓄水池，培养好这批企业，将来转到创业板、中小板等就相当于培育了很多潜在的客户。

同时，很多投资机构把新三板看成是一个很好的并购平台。现在有很多的优秀企业，其中确实有很多上不了创业板、主板，一些公司认为新三板是一个热点，对它将来的融资会是一个很大的机会。

许多人都问投新三板的风险很大吗？其实，从公司规范和内控的角度看，因为都上市了挂牌了，相较于没上市的财务和内控要规范一些，企业家的资本意识和社会的监督氛围会逐渐建立，从这个角度看风险应该比其他没有挂牌的企业小。

创业箴言

很多政策都是这样，一开始的时候条件很宽泛，但随着后来的实践及发展，门槛会越来越高，而之前进入的那些就成了壁垒或者资源，这是需要创业者重视的。

从政治的角度看，北京需要有一个自己的全国性交易所，而且会不遗余力地做好它。从这个角度看，北京、上海、深圳三个交易所的三足鼎立局面是可以预见的。

对于创业者来说，为了避免小而弱的状态，应该抓住这个新三板的机会。如今，各地方性的“四板市场”已经崛起，中国多层次的资本市场正在逐渐建立，创业者在忙业务的同时，千万不要被资本甩得越来越远……

新三板就像炸酱面，源自北京，拓展至全国，虽不是大餐却也是“美味”。

创业箴言

新三板就像炸酱面，源自北京，拓展至全国，虽不是大餐却也是“美味”。

新三板是小企业的救命稻草

过去在定位企业的时候不是大中企业就是中小企业，但对于“中”根本没有明确的概念。最近几年，政府越来越看到了清晰定位的重要性，要么是大型企业，要么就是小微企业，也只有这样，政策才能清晰明确。而新三板对很多小微企业来说，可以说是救命稻草。

轻资产企业大多是资本密集型，这就要求轻资产企业做强、做大一定要用好资本，没有资本的长期推动，轻资产的企业是根本谈不上可持续发展的。轻资产企业杂而小的特点，正好迎合新三板对应的主要群体。华谊兄弟、华策影视、博纳影业、光线传媒这些 10 年前的小公司通过私募、IPO、再融资等已经成为民营轻资产企业中的佼佼者，而如今的新三板对文化企业的支持和帮助可能会超过 2009 年创业板启动时的效果。

国学时代（430053）、沃捷传媒（430174）、中教股份（430176）、银都传媒（430230）、典雅天地（430235）、随视传媒（430240）等都是很有资本战略意识的轻资产企业，通过挂牌新三板，对企业的整体估值、业务合作乃至政府补贴和奖励的支持，都有不小的积极作用。

一些创业者认为如果要走资本市场这条路，势必为了规范而增加财务成本、税收成本甚至人力成本，但其实用好来自高新区管委会、各区县对股改和挂牌的扶持，或是申请相关政府补贴，往往都是对企业资本化过程中增加成本的一个很好抵消。其实创业者在做强、做大以及资本运营这条道路上，应该逐渐习惯不从企业的利润中拿钱，而是主要通过资本运作赚取收入，即从经营性收入为主转为资本性收入为主。

新三板在全国扩展后，全国各地的企业均可申请新三板挂牌。政府的支持力度是毋庸置疑的，轻资产企业大多偏小，主板和创业板挂牌的数量不多，如果小企业不抓住新三板这一重要的资本平台，很可能在日后的竞争中压力越来越大，并且融资也会越来越难。会有越来越多准备上创业板、主板的文化企业

“转战”新三板，因为“适合”是最好的，与其排队等待更多的制约，不如尽早挂牌接受监督，进而提升企业价值。

中国的资本市场一直是倒三角形的状态，而合理的资本市场例如美国、欧洲等应该是正三角型，即主板、中小板、创业板、新三板、地方股权转让平台（即四板）的数量依次增多，形成正三角形。按照这种趋势分析，新三板将会有越来越多的企业挂牌。

中国民营企业家的特点和优势往往就是“敢尝试”，之前很多企业家成功的主要原因就是“敢干”，“新三板”也需要如今的小微企业创业者“敢尝试”，“不管三七二十一，先上去，有问题再解决，犹豫只会错过资本的良机”。在如今竞争激烈、综合成本上升、宏观经济相对放缓的背景下，企业很容易越做越小。

目前大多数轻资产企业中的人才结构和薪水分配不太合理，业务人员的人数和工资一直都是主导地位，而目前大多数企业的资本化人才太少或者根本没有，不少都是董事长的秘书破格提拔成董事会的秘书，这会大大制约企业的发展，因为根本的问题都是人的问题。

关于如何选择新三板券商的问题，一定要坚持“一个中心、两个基本点”，一个中心是“靠谁都不如靠自己”，如果自身的财务情况和主营业务等基本要求不符合，或者自身对资本上市不了解和不重视，是根本不行的，没有上不了市的企业，只有上不了市的董事长，企业最终能否上市挂牌与企业领导人对资本市场是否认同息息相关。两个基本点是一定要找到“专业”且“沟通顺畅”的团队。关于“专业”，不能只看大券商的名气或者主要合伙人的名气，一定要细致到具体负责项目的人的专业性；另外，沟通顺畅尤为重要，当企业真正遇到实质性的难题需要解决和应对时，沟通往往是推进的基本前提。

轻资产企业一定要用好资本，因为这些企业大都是资本推动型的，如果用不好资本，企业始终是“小打小闹”！

2013年年末，华策影视（300133）收购克顿传媒，如果克顿传媒先在新三板挂牌后再被收购，收购价会提高很多。

创业箴言

“新三板”需要如今的小微企业创业者“敢尝试”，不管三七二十一，先上去，有问题再解决，犹豫只会错过资本的良机。

疯狂并购是对企业生死的考验

近几年 TMT（Technology，Media，Telecom，即数字新媒体产业）并购频繁，尤其是上市 TMT 企业的投资并购动作更为凸显，这对整个产业的发展到底有哪些影响？如何较为合理地看待这种并购行为？其实，疯狂并购将会是对其生死的考验。

对于并购问题，第一个担心就是随着并购的风潮越刮越猛，做实体的创业者越来越少，现如今能安下心来做实业的人越来越紧缺，好不容易有几个优秀的实业企业家刚刚崛起，没等深扎本行业就急于扩张其他领域“做利润”，这是最大的禁忌。

创新的行业本身就需要更多的创意和艺术功底，资本的浮躁只会和创新的初衷越来越背离。

其实，创业者并购其他领域企业的最佳时期应该是在战略发展确实需要，且企业已经引领原有行业发展的时候。

尽管有十几倍甚至几十倍的溢价，但其实行业的快速增长是建立在多种因素上的，而 TMT 企业持续的爆发式增长是不现实的，无论是优秀的网络游戏还是动漫和出版，爆发力确实有，但快速增长的持续性都不长。

这几年游戏企业的并购尤其是手机游戏的并购，概念性炒作很明显，手游行业里有“三九定律”，即开发出来的游戏三成上不了线，上线的九成失败，如果并购的手游企业没有多款优秀产品作为利润支撑，这样的并购和赌博又有什么分别？

创业箴言

创业者并购其他领域企业的最佳时期应该是在战略发展确实需要，且企业已经引领原有行业发展的时候。

近期动漫行业的整合也初显端倪，但是动漫行业本身是一个慢工出细活的领域，即使被大手笔地并购，主要也是借助其原有的影响力和内容扩大其衍生产品的传播和销售。过去几年不少风险投资一股脑地挤进动漫领域，做出来的很少，中国数字动漫排行靠前的几个产品中有不少也处于阶段性透支状态，但是动漫行业关键的问题还是原创性不强，且在原创和播出的环节上大把烧钱。

电影作品更是有热点更迭的问题，2014 年火的是《大闹天宫》，2013 年火的是《新西游记》，2012 年火的是《泰囧》，2011 年火的是《失恋三十三天》，2010 年火的是《让子弹飞》，制作班底和演员全无相同，整个市场是越来越赚钱，但是一直保持赚钱的公司能有几家呢？盲目并购是多么可怕！

由于商业模式的局限，加之企业今年成本的上升及应收账款逐渐增大等问题的显现，企业的利润和资产如何评估更加合理？利润虚高、现金流较少的企业如何评估？如果说 2014 年是 TMT 并购狂热的时候，未来三年就是并购问题迸发的时候，中国的 TMT 领域必须经历这样尝试才能更清晰地找到更适合的发展之路，但是这个成长过程也必定伴随着阵痛。

中国的文化企业是民营资本进入较晚的行业，文化创业者对资本的玩法及态度需要一个很好的融合过程。如今，中国第一波民营文化上市企业的创业者们年龄大多在 50 岁上下，虽然说寻找接班人为时尚早，但是创业者们的冲劲已经日渐消退，年轻高管的接棒及更迭都会对之前并购的企业领导的沟通和合作造成影响，而这种影响是不确定的。

由于 IPO 的停滞，使得越来越多的准 IPO 企业在股东压力或者现金流压力等因素作用下积极寻找自己的买方，但是被并购方应该嫁吗？嫁给谁才更合适呢？最近不少上市公司都开始寻找重组并购的对象，做制造的上市公司转型做新材料，做出版的企业转型做教育，做水泥的企业转型做影视，等等。

同时，积极寻找买方的准 IPO 企业大多也是在赌，赌 IPO 排队长，赌上市公司的股票大涨，赌自己嫁到“婆家”后互贵互荣。被并购的企业卖的时候不能只看嫁妆多少、溢价多少，主要关心双方的战略整合程度、合作默契，尤其是双方在一起之后“过日子”的时候，能否持续地使各自的价值不断通过资本市场去体现，即上市公司的股票是否持续“给力”。

数字新媒体产业的大并购是一个趋势，与西方国家的发展类似，综合的娱乐集团将日益增多，产业的横向和纵向的整合也会日益多样化。未来例如移动互联网、出版、互联网金融、广告传媒、互联网、设计等领域的整合也会更加明显。这种多元化的布局往往是 TMT 做大做强的有效途径，“预测未来最好的方式就是创造未来”，并购潮虽然拉开帷幕，对于年轻的中国企业和中国创业者来说，生死的考验正来临……

创业箴言

预测未来最好的方式就是创造未来。

企业资本力

企业资本力，即企业资本力理论体系和生态系统，由一家企业的资本运作能力及企业家的资本领导能力等组成。

企业资本力包括资本意识力、资本领导力、资本执行力、资本驾驭力、资本成长力。资本意识力分为理想力、识别力、决策力。领导力分为悟力、魄力、魅力（魅力分为亲和力、厚信力、敏锐力、正能力、导师力、感动力）。资本执行力分为协调力、推进力、创新力。资本驾驭力分为组织力、监督力、应变力。资本成长力分为包容力、生态力、预测力。之后，资本成长力反馈给资本意识力形成系统循环（如下图）。

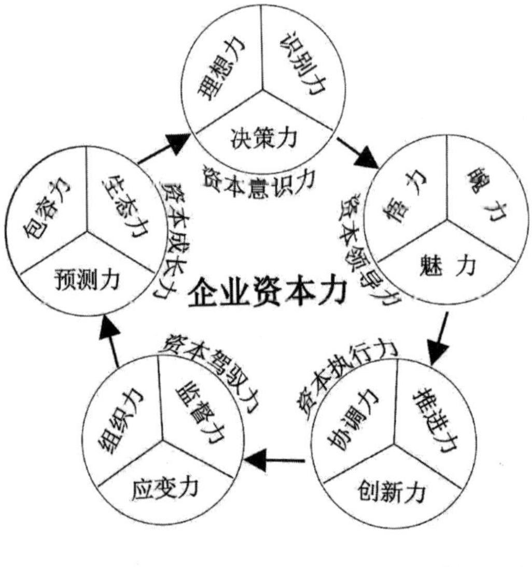

意识是人的头脑对于客观物质世界的反映，是感觉、思维等各种心理过程

创业箴言

企业资本力，即企业资本力理论体系和生态系统，由一家企业的资本运作能力及企业家的资本领导能力等组成。

的总和，而意识力是企业家对人对事的思维、心态、感觉的综合能力，包括理想力、识别力、决策力。

理想是对未来事物的美好想象和希望，理想力是创业者培养理想的能力。对于创业者，树立适合的、正确的理想极为关键。

创业者的一生都是修心的过程。创业的性格磨炼是一辈子都在做的事情。创业者的心智模式决定企业的愿景和行动。《论语》中提到的“士不可以不弘毅，任重而道远”正是说明企业树立正确理想的关键。

关于梦想，有一位创业者经常提到梦想，他就是阿里巴巴的创始人马云，马云是个造梦人，他认为阿里巴巴不是家公司，他推进的是一种文明、一种理想、一种使命，让天下没有难做的生意，让商业社会没有欺诈，不会有假货，商人在社会上不是唯利是图、尔虞我诈的代表。赚钱、利润、KPI 只是手段，只是企业发展过程中需要的东西。

识别是归类、定性、区分、分辨。识别力是创业者培养识别的能力。

优秀的创业者和优秀的投资者有一个共性，那就是判断力。其实判断力本身就是每个人在社会中积累的综合能力的统一体现，任何一个重要决定都需要强大的判断力。

如果把判断力和市场结合在一起，就是市场的敏锐力；如果把判断力和人际交往结合在一起，就是看人和识人的能力；如果把判断力和行业结合在一起，就是行业前瞻性。判断力的培养是个综合能力的挖掘，而培养判断力需要创业者敢于下判断，也需要不断觉悟自己的判断，在判断正确或者错误之后及时的反馈、分析及领悟。

做一个创业者要怀疑一切，怀疑才会进一步研究和求证。但是又不能否定一切，过去看过的很多投资项目里面，有一些项目，由于对团队的第一印象或者企业的表面现状有疑议，被轻易地否定了。但是，一切皆有可能，确实有不

创业箴言

创业者的一生都是修心的过程。

优秀的创业者和优秀的投资者有一个共性，那就是判断力。

少原先看不上、看不起、看不明白的企业，真的一步步地走向了辉煌。

虽然要怀疑一切，但是绝对不能做一个“多疑”的人。多疑和怀疑的一个最重要的区别就是多疑所持的是一种“消极”的态度。

识别，在很多情况下是一种选择，选择合伙伙伴，选择股东，选择团队，选择上市地点，选择企业发展路线，选择商业模式，选择什么样的人生。

决策，是为了到达一定目标，利用已知信息进行方案或方法确定的过程。而决策力就是培养决策的能力。

决策，是为了实现特定的目标，根据客观的可能性，在占有一定信息和经验的基础上，借助一定的工具、技巧和方法，对影响目标实现的诸因素进行分析、计算和判断选优后，对未来行动做出决定。

E 人 E 本的创业团队在业绩好的时候融资，而且融资的几亿元资金一直分文未动，融来的资金都是为企业拓展业务并做风险备用，因为过去的失败让企业真正懂得了该如何决策。

领导，是领导者为实现组织的目标而运用权利向其下属施加影响力的一种行为或行为过程。领导力是培养领导的能力。

其实，领导，“领”和“导”，把两个字拆开不难看出，对于创业者的角色更多的应该是“领袖”加“导师”。如果创业者做不好领袖，则群龙无首，公司没有方向和带头人。一些创业者的想法是把企业打造成简单的团队平台，殊不知，企业最大的平台其实是领导本身的领袖的能力，这个能力决定平台的大小。

不少创业者团队管理做得不好，团队流失率高，有一个重要原因就是创业者本身没有足够的“导师”的能力。

世界上只有四个机构从有人类文明一直存活到现在：家庭、学校、军队、宗教。家庭不给发工资，但是家庭成员全身心地为家里服务和赚钱；学校不发工资，反倒需要交学费，学生每天接受学校的管理、劳动甚至命令；军队，当兵的薪水不高，但是军人以服从为天职，每天训练、演习、执行任务都很辛苦；宗教，不给发工资，反倒需要信徒的捐助。

家庭，因为有爱；学校，因为能学到东西；军队，因为天职；宗教，因为信仰。如果企业的管理可以很好地借鉴这四种机构，那么企业的管理一定是非常成功的。

导师做好了也会培养出一个优秀的团队。在本山传媒中，赵本山的弟子们死心塌地地跟着师傅拍戏，他们的工资不一定比一般的演员拿得多，那为什么还可以这样死心塌地呢？因为他们跟着的不是“创业者”，而是“师傅”，“师恩之大”一直从心里面“震”着这群弟子们。也是因为师傅的培养、平台及人脉，让弟子们更有发挥自己的空间，整个团队和公司被这股强大的凝聚力推动发展。

下面跟着干的团队如果只是靠赚钱，或者只是靠感情，都是不足以形成一种无形的力量让大家死心塌地地干的。

如果下属总是仰望创业者，总能在他的领导身上发现有学不完的东西，同时自己创业怎样也不如在其领导的平台下的发展空间大，并且每到经济下行或者企业遇到坎坷时，他的领导总能遇难成祥，乐观积极，这样的下属一定会心甘情愿地跟着创业者。

魄力是一个人处理和对待问题时，能发挥自身能动性，忽略不重要细节对整体的影响而做出正确的决定或选择。从容、干练、有一定的鼓动性或者说是带动性、做事从不拖泥带水也是魄力的一个重要表现。

看看周围的人，为什么有一些比自己难看的人，比自己成功？为什么有一些学历比自己低的人，比自己成功？为什么有一些比自己家庭背景差的人，比自己成功？主要原因是“敢干”！

对于创业者，一开始，是自己苦干！然后，让别人给自己干！之后，让别人说该怎么干！再之后，我支持你干！这之后，以他为主让他干！最后，一起为社会干！

很多事情太犹豫，前思后想，科学分析，反反复复，最终会无疾而终。魄力，是创业者需要不断培养自己的能力。

创业箴言

领导，“领”和“导”，把两个字拆开不难看出，对于创业者的角色更多的应该是“领袖”加“导师”。

魅力，是一种充分吸引的活力。

《孙子兵法》有云："激水之疾，至于漂石者，势也；鸷鸟之疾，至于毁折者，节也。"急流的迅疾，以致能够漂走石头，是因为它的气势；鸷鸟高飞猛击，以致能捕杀鸟雀，是因为它的节奏。因此善于指挥作战的人，他的态势逼人，节奏短促有力，态势就像张满的弓弩，节奏就像击发的弩机。气质、气势、气场是创业者需要关注的。

魅力分为亲和力、厚信力、敏锐力、正能力、导师力、感动力。

"巧诈不如拙诚，惟诚可得人心"——《韩非子》。我之所以把它命名为厚信力，是因为在中国，"厚道"更接地气，厚道是投资人、客户、员工钟爱的创业者的类型。

敏锐力：是创业者对市场、对行业等的反应和洞察。市场敏感性是创业者市场能力的关键指标。

有亲则可久，有功则可大，可久则贤人之德，可大则贤人之业，《易经》里早已说明了有亲近则可长久。亲和力是创业者重要的魅力之一。而很多时候，亲和是创业者一生戎马、大彻大悟之后的综合体现。亲和，不被脾气或者孤傲牵绊，需要更多的是品性的塑造。

正能力，是积极正向的能力。阿里巴巴的18名创业团队在备受艰苦和煎熬的时候，马云的正能力一直让团队拥有希望。"正能量"是如今社会越来越火的词，而著名的《秘密》一书主要思想讲的也是心理暗示和能量聚集的作用。

导师力，更强调创业者在团队中或者在行业里导师作用。

感动力是创业者的超级魅力。对于客户、团队、投资人，让你感动的人估计越来越少，但是越少越稀缺，就越珍贵。《鬼谷子》说道，"潜谋于无形，常胜于不争不费"。成功往往是在无形之中，感动了客户，能让他们心甘情愿、不加顾忌地与你做生意，这才是伟大的企业家。

执行是实施，是把战略、战术付诸行动，完成目标、达成目的的过程。执行力包括协调力、推进力和创新力。

协调力的关键原则是要知道：与别人谈话及沟通，说的不是道理，而是合作；道理只是形式，合作才是根本。你把别人说服了并不一定能获得合作，只有把别人说得心动了才能获得合作。

推进力是要时刻思考，如何“推”，才能“进”？做企业的路上有太多的坎坷，用有效的、合理的、创新的方式去推动业务的发展是创业者需要掌握的基本能力。

创新力是重要的，创新的重要性无须再提，但是创新更需要的是思路的碰撞和经常的头脑风暴。商业模式创新、融资方式创新、合作方式创新需要大胆的想象和小心的求证。

谈到驾驭力，就要提及《韩非子》的一句话：“在四方，要在中央。圣人执要，四方来效。”这里暂不谈中央集权，但是企业总体战略方向、总体企业文化、总体做事风格是需要把控的。

尤其是当企业刚融资成功的时候，对于从来没有驾驭过大量资金的创业者，的确是个考验。不少创业者缺乏驾驭资本的能力，不能很好地把握资金投向及下一轮融资的时点，驾驭不好还不如做得“小”，驾驭的失败有时甚至会导致企业的灭亡。

组织是企业诸多要素为实现同一目标协调合作的系统，而组织力，是这个系统建设的能力。

其实团队建设就像电脑，讲究兼容性，并不是把每一个零件最好的品牌组装在一起就是最好的电脑。组织需要简单和有效。企业管理的三个境界是人治，法治，心治。人治是最基本的创业者说了算；到了法治就是靠制度了；而到了心治就是要靠企业文化、靠团队的信仰了。

监督是对环节、过程进行监视、督促和管理，使其结果能达到预定的目标。创业者的放权与监督并不矛盾。管理要“少管多理”才是王道。

创业箴言

推进力是要时刻思考，如何“推”，才能“进”？

管理要“少管多理”才是王道。

应变力，《战国策》里提到“亡羊而补牢，未为迟也。”应变力是指适应时事变化，应付事态变化。企业的危机公关处理、舆情管理、企业健康状况管理等都是企业的应变力的体现。

很多创业者经常问的问题是如何留人？

其实，人是“留“不住的。创业者想得更多的不应该是留人，而是做好自己，同时为大家的事业负责。与其担心优秀的人会走，不如时刻做好走后的准备，更不如去创造一个大家不愿意离开、只有企业才能给予的人生平台。

应变力更多地体现在时刻为某些重要岗位的团队突然离开做好应对措施及准备，以防措手不及。

成长力，是企业培养不断成长精进的能力。

成长的基础就是要勤奋好学。普通员工工作 8 小时，主任工作 9 小时，部门经理工作 10 小时，副总工作 11 小时，老总工作 12 小时，如果一个团队连这样的基本工作状态都没有，创业肯定不会成功。

成长也是成熟的过程，随着企业做大，要时刻警惕《易经》中提到的“亢龙有悔”。

《道德经》里也有“功臣名随身退天之道也”。

包容，是宽容大度。人们经常说企业家要有格局，格局不仅指思想，还有胸怀。江湖恩怨的离离合合太多，今天大家是敌人，明天有可能是亲密的伙伴的例子太多。

一个身经百战的创业者要学会对人的包容、对管理的包容、对行业的包容、对事物的包容。

在资本市场，并购别人或者被别人并购是经常发生的事情，但不少创业者心里总过不去一些坎儿，或者是互相瞧不起，或者是因为江湖恩怨，或者是心有不甘。但如果退让一步，敞开胸怀，为了事业，为了和谐，为了更大的利益，所有的恩怨又算得了什么？如果这些问题绕不去，归根结底，还是自己没有战胜自己。

"随喜"，是佛家用语。"若见、若闻、若觉、若知他所作福，皆随而欢"。随喜其实是赞同别人而不嫉妒别人的一种礼仪习惯，即当别人做得好的时候，你要赞扬他，从而向他学习，相互鼓励，同时使自己也得到提高。

随喜是一种境界，可能一些创业者会说自己的特点就是心直口快，有啥说啥。但其实，一种随喜和包容的心态才是创业者成熟的表现。

遇到一些负面的东西，随喜的心态下，会认为有失才有得，好事即将到来。这种随喜心是乐观、积极、和谐氛围必需的。

生态力，是培养创业者构建生态系统（生态圈）的能力，"出来混，一定要知道谁是你的太阳，谁是你的空气，谁是你的水"。过去的产业链只是两个要素之间简单的关联，而生态系统更是要素之间稳定和平衡的状态。乐视网的内容+渠道+应用+平台的生态系统建设就是一个很好的例子。

生态力的培养会让创业者从自然系统、多维度的角度看问题，而不是简单的上下游的一对一的产业关联。

预测是指在掌握现有信息的基础上，依照一定的方法和规律对未来的事情进行测算，以预先了解事情发展的过程与结果。

对人的预测、对行业的预测、对经济的预测、对政策的预测等能力都需要培养。一些预测不仅是从过去、历史去看未来，很多是凭借自身的直觉和综合的判断。

对于行业的选择，预测是至关重要的。而预测不仅是预测结果，很多时候还要预测具体的时间和时机。就像互联网刚来中国时，倒下了一批互联网企业。视频刚刚流行时也倒下了一批做视频的企业。进入某个领域，虽然趋势是没有问题的，但如果进入身不逢时，也会陷入漫长的煎熬中，最终惨淡收场。

预测力往往是创业者所有能力综合后的最极致的体现。因为，得明天者得天下。

创业箴言

出来混，一定要知道谁是你的太阳，谁是你的空气，谁是你的水。

第3章
chapter 3

创业与商业模式

创新永远是社会进步的力量！

——香港交易所北京代表　黄兴玲

男人和女人都怕入错行

女方说：我负责貌美如花，你负责赚钱养家。男方说：我能保持赚钱养家，你能保持貌美如花吗？默然片刻，女方无言。事业对于男人和女人都很重要。

从行业和领域上来看，抓住大文化，就抓住了灵魂；抓住互联网，就抓住了未来；抓住健康，就抓住了根本。

完全独立的传统行业已经退伍了，50 后、60 后的那些敢干、敢拼、敢闯的企业家现如今在传统领域中步履维艰，何况新时代下的“天之骄子”们。

环保一直是国家鼓励的方向，雾霾问题、水污染、土壤污染越来受到关注，所以，环保产业大有作为。但是做环保行业的创业者一定要关注两个问题。第一，从商业模式的角度，人们喜欢赚钱后大家分钱，而并不是很喜欢把省了多少钱拿出来进而让大家来分。第二，环保往往是 BT 或者 BOT 的模式，对现金流的要求相对较高，如果从事环保行业，需要尽可能地保证现金流的稳定。如果这几点把握不好，那么不要轻易进军环保行业。

一些没有较多从业经验的创业者，开始创业时往往想做餐饮，因为餐饮的准入门槛低。可是，竞争白热化的餐饮行业真不是开玩笑的。由于反腐和倡导节俭越来越强烈，高端的餐饮业创业已经基本无路可走。大众的快餐或者中低端的餐饮还有不小的空间。

做餐饮要重视两点，一个是特色，就是味道真的要好、要有独特的地方。二是管理和运营能力要超强。

创业箴言

从行业和领域上来看，抓住大文化，就抓住了灵魂；抓住互联网，就抓住了未来；抓住健康，就抓住了根本。

几年前，在与“新辣道”餐饮的董事长李剑卧膝长谈餐饮管理的时候，李剑坦言他真的是把咨询公司做的厚厚的餐饮咨询计划付诸实践的人。在经历过大起大落的李剑谈到为什么选择鱼火锅时，他告诉，那是他过去十几年做餐饮的总结，即“差异化、简单化、标准化”，差异化才有特色，简单化才能有标准，标准化才能复制！

谈到为什么创业，不少创业者坦言是因为自己有想法、有创意，但是打工的环境不允许，也没有机会让自己实现。有梦想、有兴趣、有担当地去选择一些行业，其实是对的。人们一直在寻找“适合自己的领域”，真的碰到自己喜欢的行业、有兴趣点的事业、能施展特长的领域，可以事半功倍。

随着艺术家在中国地位的上升及各相关教育、行业、政策的倾向和引领，艺术培训，例如舞蹈、音乐、美术等可能会有相当大的创业上升空间。

虽然有句话说得好：“如果改变不了世界，就去改变自己”，但其实，真实的自己是很难改变的。反倒应该这样铭记：“如果改变不了世界，就去找适合你的世界”！只要不断地寻找，深度地挖掘，一些好的机会，一群得力的贵人，迟早会被创业者的特长所吸引。

入行不容易，且行且珍惜！

创业箴言

只要不断地寻找，深度地挖掘，一些好的机会，一群得力的贵人，迟早会被创业者的特长所吸引。

产品重要还是销售重要

产品重要还是销售重要？可口可乐和百事可乐的例子尽人皆知，很多人说能喝出其味道的不同，但真正蒙上眼睛去品的时候，结果是大相径庭的，因为味道真的很难辨认。就像伊利牛奶和蒙牛牛奶，有的人说蒙牛的香，有的人说伊利的滑，但真正不看包装时，有几个人真的能准确区分出来？

一次记者采访，问电影的"制作"重要还是"发行"重要。我给他举了两个英文单词，一个是 must，一个是 have to，发行 must 好，制作 have to 好。换成销售和产品就是销售 must 好，产品 have to 好。即一家企业成功，销售好是必需的前提，而产品，不可以差；但是如果产品非常完美，销售一般，这样的企业无法走得很远。

事实上，企业做宣传的时候，绝对不会承认这个观点，因为百分之百的企业在宣传的时候都会说产品好才是他们最关键的。

为什么那么多的 IT 企业家称自己为产品经理呢？为什么那么多的影视创业者称自己为艺术总监呢？

创业箴言

换成销售和产品就是销售 must 好，产品 have to 好。

创业不懂法，其他一切免谈

在和中国著名律师岳成律师交流创业感想的时候，岳成老师谈到一句话就是："创业先懂法"。最基本法律都不懂，所有成就的事业都有可能瞬间崩塌。天天萦绕在周围的各种新闻里总报道一些企业家由于行贿、偷税等重大法律问题受处理，时时刻刻给创业者敲响警钟，但是，警钟长鸣，错误常有，究其原因，还是因为不够重视。

创业者在创业之前，一定要不断梳理基本的法律知识，经济法、公司法、税法、合同法、担保法、证券法等是做企业最基本的法律准备。如果这些法律的入门级都未达到，创业者就开张做起生意、做起法人代表，无异于玩笑，这样坑的是自己一辈子的前程。

经常有这样的场景，一个项目，一个文件，一个创业者，一个秘书，一纸合同就把整个生意给定了，其实不出问题则可，只要出现一些争议或者大的漏洞，企业及法定代表人很可能会使自己陷于万劫不复的境地。即使在创业初期，创业者为了节省成本，也确实要考虑到这些法律问题，节省成本并不等于蛮干、傻干。

创业者即使不花重金聘请"企业军师"，几个圈子的好友顾问还是要准备一下，即法律顾问、会计顾问、资本顾问。

在企业不断发展壮大的时候，为了避免"疯狂的裸奔"，创业者对法律的重视要提到一个高度，警钟长鸣，企业才能活得长久。

创业箴言

在企业不断发展壮大的时候，为了避免"疯狂的裸奔"，创业者对法律的重视要提到一个高度，警钟长鸣，企业才能活得长久。

商业模式是否重要

商业模式包括需要以客户价值为中心，不断发挥企业能力和资源，加之清晰的盈利模式。从商业模式来看投资的价值，即考量目标企业能否在客户价值、企业能力和资源、盈利模式上做到有效的和最大化的整合。

其中，客户价值的体现和挖掘是商业模式确立的核心，投资机构对企业投资前的尽职调查，对企业商业模式的调查占有很大比重，而这个调查主要就是考察客户价值的体现，这也是投资机构实施的尽职调查通常要包括对企业前十名客户的访谈和分析工作的原因。需要强调的是，具有投资价值的企业商业模式，应该符合时代发展的趋势。

很多商业模式创新的企业主要是有效、合理地将传统行业搭配以创新元素，就像互联网的崛起及移动终端的不断创新，正使得众多行业的商业模式不断与时俱进一样。

大的民营的轻资产企业在中国的数量不多，加上一些资源的限制和固有的行业特点，民营的创新公司如要做强、做大，需要更多的努力。

很多事情在家一个人想叫痴心妄想；到企业一起想叫头脑风暴。光想不做是咨询；光做不想是苦力；边想边做是正道！商业模式本来就不是想出来的，是想与做碰撞出来的！

什么是最好的商业模式？适合的才是最好的。团队的资源、创业者的兴趣、时事的形势无一不要求商业模式的最终操作要因地制宜。同时，商业模式在创新和执行的过程中，不是一成不变的。中国人的模仿能力是很强的，如果不在

创业箴言

客户价值的体现和挖掘是商业模式确立的核心。

商业模式本来就不是想出来的，是想与做碰撞出来的！

第一时间确立自己的商业模式特性，不在第一时间确定自己的行业地位，好多好东西会被瞬间模仿，而被模仿之后，到底模仿的是“山寨货”还是被模仿的是“山寨货”，就要看它们的较量了。

文化娱乐公司经营的业务一般包括电视剧制作发行、电影制作发行、艺人经纪、院线、音乐剧、栏目制作等，其中以电视剧制作发行和电影制作发行为主。电视剧产业和电影产业又是截然不同的市场，前者是生产后卖给卫星电视或者地方电视台，类似于 B2B，后者是生产后卖给去电影院的观众，类似于 B2C。不同影视企业间可能存在差异，例如经纪业务演员收入的佣金、院线的票房分账收入、影视剧广告植入的收入等。虽然都属于影视，但很有可能做好电视剧产业的团队去做电影会血本无归，因为制作内容和发行方式完全不同。随着新媒体包括网络视频和手机视频的发展，电视剧和电影都在扩大和谋取其在新媒体领域的发行或者广告植入的收入。

莫言获得诺贝尔文学奖是这几年热门新闻之一。在莫言获奖之前的几个月我投资了独家签约莫言、麦家、安妮宝贝、阎连科等优秀作家的精典博维文化公司。像精典博维一样，有预见性地签约一批优秀的作家，发展作家经纪业务也是一种商业模式的创新，只不过这种经纪业务最早较多地出现在娱乐圈。

《中国好声音》是这几年最火辣的电视音乐栏目，而其运行的商业模式从根本上讲是音乐行业经纪业务的商业模式。歌手们成名之前与成名之后的出场费、广告代言费的差距是相当大的，因此音乐公司在这些具有潜力的歌手未成名之前、需要机会和舞台的时候与其签约，锁定 5 年甚至 10 年，签约之后这些音乐公司全力以赴捧红自己的签约歌手，歌手越红火，他们的经纪业务收入也越高。

《我要上春晚》也是这几年一直热门的节目。为什么平安、许艺娜、阿普萨萨可以夺得全国三甲，而其他同样也很有实力的歌手却无缘决赛？这个栏目不仅是专业歌手的评比过程，其实也是每个歌手后面的经纪公司综合运作和运营能力的体现。能进全国音乐栏目的歌手实力本身已经很强，最后的胜出融入更多的是商业运作和综合因素。

战略重要还是商业模式重要

新媒体的出现使原来的传统行业出现了很大的变化，一直备受争议的黑马视频网站“乐视网（300104）”，居然成为中国视频行业上市的第一股，而且与其他明星视频网站土豆网、优酷网走向美国资本市场不同，乐视网登陆中国的创业板，并在普遍 A 股下跌的情况下，其股价一度走好，翻了几倍。尤其在与乐视网的高管团队们接触和探讨之后会发现，公司的战略选择和产品定位尤为重要，当初在其他视频网站互相拼杀之时，乐视网率先确定自己为影视文化企业，并以独家的方式拿到优秀影视作品的播放权或者分销权，有别于其他视频网站一味模仿美国互联网网站的大众分享或者拍客的模式，成为互联网与文化产业有效结合的典型案例。

乐视网还对优质的内容采取先买断、后分销的模式，进一步在商业模式中的“企业能力和资源”上下足功夫，也因此带来了不小的收益。在电视台与新媒体的比较上，我们会发现另一点是值得关注的，电视台往往是国有的，也因此在其购买的电视剧的题材上受到一定的制约，而乐视网这类市场化的新媒体对电视剧的题材选择十分重视，雇用了非常专业、判断力极强的采购团队，对于其购买的影片的点播率可以看出其采购影片的高质量，这也是商业模式中关注“客户价值”的很好体现。

同时，优秀的企业也应提前做好布局，判断好未来的发展方向和趋势，在我与乐视网联合投资强视传媒时，乐视网正是判断出未来的“内容”是各媒体和网站争夺的焦点，因此提前布局，战略投资强视传媒。

谈到强视传媒，一直心有感触……

强视传媒其实是一个非常老牌的影视公司，董事长游建鸣是一位非常有资历的娱乐圈创业者，但因对资本“不太感冒”，一直未有像很多晚辈例如华谊兄弟等那样的快速资本化运作。2011 年，当结识游建鸣这位创业者的时候，我发现他非常大的优点是厚道，用他的话说是一定要对得起朋友。跟了游建鸣 10 年的司机因为要回老家而离开公司，游建鸣给了这个司机 10 万元安家费。投资人知道厚道的创业者是最值得投资人投资的。

尤其是在后来投资谈判的时候，游建鸣一直强调融资额的控制。他总提到，融钱之前包括融多少钱的衡量标准是以“我要想到一旦经营出现问题，我砸锅卖铁变卖资产后能不能把投资人的钱还上”为基础。

有这种思想的创业者是非常受投资人喜爱的，这种风格的创业者和企业无论在选择商业模式上、在选择业务发展方向上都会以“稳健发展”作为公司的战略方针。

2014 年 6 月 11 日晚间道博股份（600136）发布重组预案，公司拟以发行股份及支付现金方式收购强视传媒 100%股份，并发行股份募集本次交易金额 25%的配套资金，标的资产作价为 7.8 亿元。公司股票将于 6 月 12 日复牌。

根据方案，强视传媒 100%股权的评估值为 78049.87 万元，最终交易价格为 7.8 亿元，由公司向资产出售方发行 5361.70 万股股份及支付 1.5 亿元现金购买，发行价格为 11.75 元/股。此外，公司拟向控股股东新星汉宜发行 2212.77 万股份，募集 2.6 亿元配套资金，用于作为本次交易现金部分的支付对价及补充标的公司的运营资金。

细细数来，投资强视传媒两年多，不算后期二级市场的增值，单算并购的价格，已经将近 1.5 倍的净收益，已经不错了。

什么是核心竞争力

什么是核心竞争力呢？相关的解释很多，但无外乎讲的是企业可以让竞争对手难以模仿或替代的、稳定的、稀缺的赚钱能力。但具体又是什么呢？

之前遇到一家准备报当地证监局辅导的企业，保荐人向其询问：请问公司的核心竞争力是什么？公司高管回答：我们的销售和营销能力非常强。旁边另一高管补充：我们的产品非常好。又一个高管插言：我们的销售和产品都好。保荐人总结：如果综合上面 3 位的看法，企业肯定无法上市，因为，什么都好，就意味着什么都一般。什么都好是不可能的。企业一定要看到企业的核心竞争力到底是什么，要正确认识自己的特色和与众不同，绝对不能什么都是 100 分。

作为一个创业者，要警惕出现“当局者迷”的情况。要时刻以全局观去看待整个企业的战略发展，关于核心竞争力问题，建议画一张树状图，把自己的优势、资源、突破点等定期逐一汇总展示，总结出公司的整体布局和战略发展重点。这种全局观往往是企业在闷头做事中非常容易忽视的。

公司的核心竞争力往往与创业者的出身和经历有关，说得直白些，轻资产企业的核心竞争力实际上就是创业者本身。

一些创业者是做市场出身，这样的公司应发挥其营销方面的特色和竞争力；一些创业者是做财务出身，这样的公司应该发挥其资本运作能力方面的特色；一些创业者是做专业出身，这样的公司应该发挥其某一领域专业技能的先进性；一些创业者是军人出身，这样的公司应发挥其在管理、企业文化及用人方面的能力。

专业军人创业更有其优势所在，华为的任正非、联想的柳传志、万科的王石、中国英利的苗连生等都是军人出身的创业者。依然记得曾经在中国英利做审计的那段日子里，其军事化的管理：只要在公司内部行走，三人成行、五人成排，全体员工的内部企业管理就是军事化的管理。军人本身就有战友的人脉资源，再加上其超群的管理能力，军人创业的核心竞争力尤为突出。

其实，很多时候，创业者更需要关注的是核心生存力。目前创新企业的发展经常面临的情况就是不进则退，很多情况下不是竞争的问题，而是生存的问题，到底应该如何找到自己企业的生存空间、生存法则、生存定位反倒是创业者应该时刻关心的！

创业箴言

其实，很多时候，创业者更需要关注的是核心生存力。

企业如何跨过由小变大的坎儿

做小企业简单，做强和做大非常不容易，因为企业要想高速成长，抛开外因，最主要的是考验创业者的“三心二意”，即三个心态和两个能力：坚韧、包容、灵活的心态以及业务和管理能力。一些创业者业务能力突出，产品很有特色，但是很难把企业规模做起来，大部分基本上还是小作坊。

大唐辉煌传媒引入资本之前，以每年两部剧左右的发展速度不断小步快跑，制作出《鲜花朵朵》、《我的糟糠之妻》等优质电视剧，2010年开始着手引入资本。但是引入资本不是很容易的，起初，一些投资机构很担心影视剧的企业上市的可能性、财务的透明性、核心团队的稳定性、管理层对资金的驾驭性等。最终，财务制度和人事体系的规范健全、管理团队市场敏锐力和发行能力的突出等成为之后吸引各投资机构的关键因素。

轻资产企业与其他传统行业相比的较大特点是其往往可以快速成长，爆发力强，但也因此需要具备强大的市场战略思维。

企业在做事之前，需要把“势”先做到，这样很多事才能水到渠成，稳健发展。而做“势”，包括“人势”“气势”“趋势”。做好“人势”，一定要把队伍培养起来，这些并不是完全靠高薪能够满足的，需要各尽其责、绩效考核、共同目标、情感投入等。

“气势”往往与企业家的格局、企业的整体架势、企业的合作伙伴档次、企业的影响力紧密关联。至于“趋势”，做事一定要顺势而为，10年前的文化创意产业没有如今国家政府如此大的鼓励和支持，没有如今投资机构以及创业

创业箴言

企业要想高速成长，抛开外因，最主要的是考验创业者的“三心二意”，即三个心态和两个能力：坚韧、包容、灵活的心态以及业务和管理能力。

板文创企业 IPO 的更多涌进和涌现，2014 年之后的十年必定是文化创意产业繁荣并争相上市的黄金时代。

企业要有自己的特点：或者设计能力特别强，或者营销能力特别强，或者运营能力特别强，或者市场敏锐度特别出众，或者有足够的资源带动性。有特点才能有区别，有区别才能有差异，有差异才能有空间。这也是“标准化、规模化、差异化”的要求之一。

如果看过华谊兄弟的财务报表，会看到其中的人力成本相对高，华谊兄弟汇聚明星能力强，制作的电影或者电视剧中不乏重量级的明星，这些包括导演、演员在内的一线明星虽然成本造价高，但是也在一定程度上保证了其影视产品价格的高昂。

相反，强视传媒是以挖掘新人、低成本运作为代表的影视制作企业。谈起《金粉世家》、《小李飞刀》、《敌营十八年》等，就会想到好多著名演员，例如刘亦菲、陈坤、董洁、焦恩俊、杜淳等都是在这些作品中被发掘并成名的，也因此人力成本相对低很多，但却一点不影响其影视作品的经典和收入。乐视网注资强视传媒，开创了上市新媒体公司投资“内容制作”公司的先例。联合强大的产业链合作伙伴会增强企业的综合实力，同时也稳固了其在新媒体领域合作伙伴的战略地位。

在市场的竞争中，需要的还是“精品”，华录百纳（300291）顺利过会，即使市场上有一些对其“国企”身份的质疑，但我们不得不承认其出品了不少精品影视剧，例如《媳妇的美好时代》、《双面胶》等。企业的竞争，基本都是其产品的竞争，而产品的竞争，往往是运营的竞争，运营的竞争往往是团队的竞争，而团队的竞争，最终都是“带头大哥”的竞争。所以，企业家在一定程度上，确实需要“苦其心志，劳其筋骨，饿其体肤，空乏其身，行拂乱其所为”，才能“增益其所不能”！

创新企业进行产业链上下游或者相关产业链的兼并扩张也是企业高速增

创业箴言

一些做得很好的创意型企业在有了资本后开始各种收购，结果这些业务脱离了“老本行”，盈利受到影响，反倒成为公司发展或者上市的“绊脚石”。

长的方式之一，但是兼并要十分谨慎，绝对不能把这种方式作为企业高速增长的主要方式，否则企业很容易在上市要求中的“主营业务需要清晰”以及“需要证明企业在该业务中的成熟性及稳定盈利能力”上犯规。一些做得很好的创意型企业在有了资本后开始收购院线、收购广告公司、投资电影、收购后期制作公司、投资公关公司等，结果这些业务脱离了“老本行”，盈利受到影响，反倒成为公司发展或者上市的“绊脚石”。

都在谈“颠覆”，到底怎么颠覆

2014 年是转型年，为什么要谈 TMT 的转型呢？

政治是经济发展的基础，现在政治面临一些改革，面临一些换届交接。TMT 领域与政治绝对是相关的，政治发生变革，意识形态也会受到影响。

过去一两年不少企业一直在产业链和生态圈里面连续投资，像乐视网的创业团队，有内容，有终端，有平台，有应用，是生态式的布局发展战略。

2013 年、2014 年是并购年，但细看每个公司，其实都是有问题的，之前很多投资同行一直在投互联网或传媒，但是自己却不敢买互联网传媒的股票，由于太熟悉、太了解，因而放大了风险。

近几年做企业确实超级累，但资本市场一直在努力走上坡路，中小企业的保护机制，并购审核程序的放宽等其实都是资本市场向好的表现。

在企业里面，人的因素很大，人出了问题，企业可能就没了。所以，轻资产的企业可以多收一些资源，去收一些渠道，多拿版权或者牌照，这是未来发展的重点。

投资人投资什么样的企业比较稳妥？对创业者，投资人最在意哪方面的能力呢？现在发展比较好的创业者，马云也好，马化腾也好，有两个基本能力：一是业务能力，二是资本能力，如果创业者的资本意识不强，即使业务能力强、研发能力强，这样的企业发展也会有很大的局限性。

如果创业者的融资能力不强，这家企业再怎么有创新，它的发展也会很慢。为什么佳讯飞鸿（300213）的市值已经翻了很多倍，股价还在涨？说到底，创业者的思维很重要，创业者的资本意识尤为重要。

TMT 领域核心要素是什么？可能普遍都会觉得主要因素就是人，因为是轻资产。但是逐渐扎根这个领域就会察觉，如果没有钱推动，企业再怎么发展也会受阻。创新类型的企业投资的风险其实很大，到底企业估值是一千亿元还是一百亿元，无法严格去衡量，一家企业活得长久，活得够劲，尤其是是否可以持续增长，这才是投资人很看重的一点。

互联网企业一定要“快”，不快就要死掉，所以原来做互联网的人去做传统的企业，速度会特别快，比如原来做携程的季琦用互联网的思维做如家酒店和汉庭酒店就很快，让原来很多做酒店连锁的传统企业家们惊讶不已。互联网人的思维、创新能力、创新意识都需要快，而且要“一直”快。

关于商业模式的颠覆，在中国有一个现象，很多赚过大钱的人，他们大都是过去十年赚的，他们干过很多行业，服装，农业，广告，地产，矿产等。为什么要这样？传统行业的创业者换了很多商业模式，都在去尝试，去多元化。但因为过去的机会很多，通过政府关系或者“吃”一个大企业，一个项目就能喂饱一家企业几年。然而，现在市场环境发生了很大的变化，玩 B2B 越来越难，因为 B2B 的市场空间及增长都是有限的。

做互联网还是要抓住 B2C，为什么这几年火的都是互联网？创业者的格局不仅要大，还要远，要看未来，看方向，未来还是属于移动终端、互联网金融的。互联网金融虽然现在有时出现争执的、跑路的现象，但这是未来的一个趋势，包括移动终端，这个方向是绝对没有错的。

为什么这些互联网企业的市盈率倍数都这么高，很多人还是趋之若鹜？作为创业者，也应该像投资人一样去换位思考，尤其需要关注三点：基本面、热点和成长性！

商业模式在中国有一个大问题：中国的企业，尤其是互联网企业，如果在半年之内不把自己的特色和领域玩透，别人就会很快抄袭，这就是为什么“速度为王”一直成为互联网企业存活的关键。

创业箴言

“速度为王”一直是互联网企业存活的关键。

嘀嘀打车起初为了尽快占有市场，打起了巨大的优惠促销。比如在早上高峰期的 8 点，8 点司机不愿意去接客户，但是如果用嘀嘀，第一次喊单是补贴 10 块钱，这个单要是没有人接，为了吸引用户，最后封顶至 200 块钱都可以给这个接单的出租车司机。互联网的商业模式都在改变，目的就是为了抓住这些用户。

一切为了市值吗

2015 年 7 月 31 日，在马来西亚吉隆坡举行的国际奥委会第 128 次全会投票决定，北京携手张家口成为 2022 年冬奥会和冬残奥会的举办城市。而就在第二天，A 股上市公司华胜天成（600410）就发布了中国智慧城市十大解决方案，采用大数据等先进技术手段，为北京市旅游服务的多样化、便利化、精细化、国际化以及旅游突发事件应急处置等提供 IT 综合服务。其最新的广告语也立刻变成了"爱中国，挺冬奥，华胜天成 IT 运动团前来助阵啦"。与此同时，资本圈、创业圈里根据这个举国欢庆的新闻更是不断推出"冬奥热门股"的分析。那么，这一系列神一般的动作根本目的是什么呢？这么快就战略升级了？其实，抓住热点、顺势而为是基本，而市值管理才是根本，只有这样才配是"大脑袋"的聪明的企业。

从股东的利益来考虑，有三个指标尤为重要：

第一个是净资产，到底企业有什么东西？资产有哪些？负债有哪些？净资产即总资产减去总负债后的剩余，就是很表象的股东的拥有。

第二个是净利润，到底这一年干下来公司赚了多少钱，收入多少？减去成本、费用和税之后剩下的所有股东可以分配多少？净利润就是很直白地看到一年下来股东的回报。之前有种说法，企业利润最大化是股东追求的目标。

第三个是最先进的科学方法，即市值，企业的市场价值。股东们拥有的企业到底值多少钱？股东转让自己的投资份额是一个怎样的作价？市值成为用得越来越多、变得越来越重要的股东价值的体现指标。

其实，利润最大化是过渡性指标，市值最大化才是最终目标，在市值波动中达到价值实现，增加股东财务和公司竞争力。

市值管理的方法论模型是价值塑造、价值描述、价值传播、价值实现。

我们看看传统行业的上市公司都在忙什么。中南重工（002445）收购大唐辉煌进军影视，熊猫烟花（600599）旗下互联网金融平台“银湖网”正式上线，长城影视借壳江苏宏宝(002071)上市,游族网络借壳梅花伞（002174)上市……

传统行业的上市公司中有不少其员工收入逐年递减，利润很低或亏损严重，股价连连下降，且存在退市的风险。这些是传统行业上市公司的股东们最不愿看到的，如何维系公司的市场价值及股价呢?

以上这些并购或者借壳的案例其实都是企业和股东被残酷的市场逼迫下的行为，这种行为也是最明智的行为。

所谓市值管理，是指上市公司建立一种长效组织机制，致力于追求公司市场价值最大化，为股东创造价值，并通过与资本市场保持准确、及时的信息交互指导，维持各关联方之间关系的相对平衡，在公司力所能及的范围内设法使公司股票价格服务于公司整体战略目标的实现。

市值管理的目标是股东价值最大化，不仅强调提高企业经营效益，实现最大化利润，而且重视公司在资本市场的股价管理，使得股价真实反映公司的内在价值。

产品市场看利润，资本市场看市值，资产市场与产品市场有着不同的游戏规则和玩法。市值已经变成现代公司的一种生存方式和价值实现形态。但很多公司只熟悉产品市场和利润概念，而不熟悉资本市场和市值概念，更不要说市值管理了。

有市值管理的公司就像一个有人照顾的孩子，具备良好的教育、衣食无忧的生活、积极的人生，等等。而恰恰相反，没有市值管理的公司就像一个无人照顾的孩子，衣不果腹、饥不择食、眼神充满渴望却又亟待救赎。

下面看看蓝色光标（300058）这个外号为“A股并购机器”的公司是如何在2013年间成功使自己的市值翻倍上涨的。

蓝色光标是A股上市公司中并购次数最多的公司，自2010年以来已实施并购8次，涉及金额约30亿元，其市值自上市以来增长了近600%，当期市值

创业箴言

产品市场看利润，资本市场看市值，资产市场与产品市场有着不同的游戏规则和玩法。

规模增涨到了 180 亿元左右。公关行业是典型的小、散、乱、弱行业，蓝色光标是行业中唯一的上市公司，行业中的竞争对手短期内都无法实现 IPO，蓝色光标便成为这个行业中最具购买力的买方。由于卖方市场供应充分，蓝色光标在并购中处于强势地位，蓝色光标自称在未来几年能够保持每年 30% ~ 50%的增长，在海量并购标的的补给下，缺多少利润，就并购多少利润。

蓝色光标约有 50%的利润都是通过并购得来的，通过并购，蓝色光标实现了对广告策划业务、广告发布业务、活动管理业务、财经公关业务及展览展示业务的延伸。公司的 8 次并购业务平均估值才 10 倍市盈率，与其自身 40 倍市盈率水平比较，资产溢价效应明显。

另一个具有代表性的市值管理企业是乐视网（300144），乐视网是一家非常具有生态性的企业，还记得 2011 年年末我联合乐视网一起投资强视传媒的时候，每次强视的董事会上，离不开的话题都是谈乐视的股价，因为乐视的股价一直在增长。

其实，当年雄踞视频领域的优酷、土豆一直让人们对这个 A 股上市的第一视频股是乐视不够理解，而截止到 2015 年第一季度，乐视网（788 亿元）>优酷土豆（144 亿元）>搜狐（120 亿元），而仅仅时隔两个月后即 2015 年 5 月，乐视网的市值已经超过了 1500 亿元，通过并购以及生态圈业务的拓展，乐视网已经基本形成了“平台+内容+终端+应用”的产业链，未来应用领域有望形成下一个并购方向。乐视网 9 亿元并购花儿影视（70%股权支付），3 亿元收购乐视新媒体（100%股权收购），定向增发 4 亿元募集配套资金。同时，乐视手机产品即将发布，其互联网电视预计实现销量翻番，乐视体育、乐视影业及自制剧的迅猛发展也将为其带来更为丰富的内容储备。

乐视的动态 PE 和静态 PE 均超过了 100 多倍，一些人不理解乐视，认为这是一个做宣传的公司，认为无论从乐视 TV 乐视影业、乐视手机、乐视汽车、乐视体育等的炒作还是乐视生态圈建设无疑都是在做宣传，其实乐视的创业者贾跃亭是一个很厉害的实业和资本高手，早在 2004 年，贾跃亭已经成功将其第一家企业登陆新加坡资本市场，乐视网的成立正是贾跃亭把准“影视+新媒体”这个突破口的体现，其强大的资本能力及乐视生态圈的布局形态使其一度成为资本市场的宠儿。

“舆情”牵动“市值”，别再抱着炸弹裸奔了

“舆情”和“市值”越来越受到创业者的重视，做不好舆情管理和市值管理，就像抱着炸弹在奔跑，没有警觉的企业随时有可能被一件小事的爆发导致整个积累荡然无存，而创业者锒铛入狱的案例也比比皆是。

做好市值管理最根本的是做好自己，做好价值塑造是一切管理的根本。从价值描述和价值传播的两个过程可以看出市值管理与舆情管理有着不可分割的联系。

社会化媒体时代，信息量暴涨。有效的舆情管理不仅能帮助企业规避舆论风险，提高传播效率，还能为企业的产品研发、营销策略制定以及高层决策提供重要的参考依据。企业的舆情管理工作不仅需要关注自己，也要关注竞争对手与整个行业。

企业应学会巧妙利用网络技术手段，采取人、机结合的工作模式，合理利用专业的舆情监测系统，最大限度地提高舆情管理工作的效率。

究竟何为舆情呢？其实，与企业形象有关的一切因素，均是企业舆情管理应该关注的范畴。由于企业的舆情直接关系到企业的市值，对二级市场存在很大的影响力，对企业的股东的经济利益影响也是直接挂钩的，因此是企业不得不重视的问题。

一些企业利润一般，但市值凶猛，这里有一定的舆情管理的功劳。比亚迪（002594）净利仅 8 亿，但其市值却高居全国 21 名，其背后必有成功的舆情管

创业箴言

做不好舆情管理和市值管理，就像抱着炸弹在奔跑。

理在发挥作用，进而形成了很好的市值管理。

相反，酒鬼酒（000799）因为塑化剂风波对其形象大打折扣，而其对相关负面舆论的及时发现和处理方式都缺乏有效、恰当的管理，最终酒鬼酒的市值蒸发数亿。

双汇发展（000895）的瘦肉精事件遭央视曝光后，市值一日蒸发 103 亿。双汇一直是肉制品加工企业的龙头，发展一直很稳健，而央视曝光留下的舆论影响犹如地震一样让这个著名品牌瞬间被撼动。而舆论影响之后的应对方式和危机公关更显露出其舆情管理的不足。

同时，中概股在海外其实不乏优秀的公司，但是由于几家公司的内部问题遭到做空集团的放大和炒作，让其整体形象备受打击，屡遭做空并留下不诚信的恶名，这些都是企业舆情管理失败的案例。

企业在舆情管理方面应该做到快速反应、迅速行动、协调宣传、真诚沟通、勇敢面对、主动承担。舆情管理终究不是颠倒黑白，企业如果真的存在严重问题，仅有舆情方面的运作也是徒劳。

因此，企业做好自己，才是最终极的舆情管理。

当然，我们绝对不能说市值和舆情都是上市公司考虑的事情，未上市的公司不需要考虑。其实，只要是企业，就需要考虑舆情和市值，不仅公司需要舆情管理和市值管理，个人也需要舆情管理和市值管理，与商业有关的每个个体，都处在不断塑造影响力和完善价值的过程中。

这是一个实现价值的时代，舆情和市值越来越重要，无论对于公司还是个人。

创业箴言

企业做好自己，才是最终极的舆情管理。

第 4 章

chapter 4

创业与产业

不抛弃，不放弃，看新时代的创业精神！

——《士兵突击》制片人吴毅

P2P 网贷，是馅饼还是陷阱

拍拍贷、人人贷、积木盒子、爱投资、你我贷、有利网、陆金所、网贷之家、开鑫贷……这些名字近期一度出现在风投公司关注的案子列表中。三年前，风投圈里谈到 P2P，还是投或不投的话题，而从 2014 年开始，投资人们谈的话题早已经改成到底投哪家、投什么风格的……是什么推动了 P2P 互联网金融的发展？是什么人在玩 P2P？资本方看中了 P2P 的什么？P2P 的未来在哪里？

谈到互联网金融，最值得期待的就是 P2P 和众筹。至 2014 年年中，P2P 线上交易额已达 1100 亿元，线下交易额达到 700 多亿元。而 2013 年的 P2P 交易额比 2012 年增加了 8 倍。在线 P2P，这个看似风险巨大的领域，最近居然颇受资本市场青睐，融资额一度创新高。但是，2014 年前半年又有 50 家 P2P 平台倒闭。

一半是海水，一半是火焰。

关于互联网时代的转型有个广为流传的笑话，说“化缘的改叫众筹了，算命的改叫分析师了，八卦小报改叫自媒体了，统计改叫大数据分析了，忽悠改叫互联网思维了，做耳机的改为可穿戴设备了，IDC 都自称云计算了，办公室出租改叫孵化器了，圈地盖楼改叫科技园区了，放高利贷改叫资本运作了，借钱给朋友改叫天使投资了”。

从 2007 年开始起步，经过 7 年多的发展，P2P 在互联网金融之中一直被寄予厚望，但是平台拖累、资金链断裂、财务黑洞、跑路等事件的多发，让 P2P 越发引起争议。而其实这种缺乏投资监管更加体现在利用其漏洞洗钱的行为，由于对投资人的审查较少、要求不高，投资的资金来源不明，这些网贷平台很

创业箴言

谈到互联网金融，最值得期待的就是 P2P 和众筹。

可能成为洗钱的工具。

谈到互联网金融的监管问题，截至写作本书时，P2P 网贷的监管条例一直未出。但是，平台不得提供担保、不得使用资金池、明确中介的性质、不得非法吸入公众资金是 P2P 平台的四条红线。一边是如潮水涌入一样的资本，一边是不断曝出的平台跑路事件，一边又是监管的真空期，P2P 网贷，想说爱你，谈何容易？

关于互联网的创新，其实互联网需要的更是真正落地的创新，而不应只是概念的创新。P2P 互联网金融又称 P2P 网贷，主要还是个人对个人的、通过互联网平台形成的借贷行为。近年来，周围不少原来做小额贷款的企业都在做所谓的？2？，在做他们眼里的 P2P 平台，可是，P2P 网贷根本不是小额贷款的官方网站，P2P 金融更需要的是信用体系和大数据平台的建设。

P2P 网贷的机遇是巨大的。市场永远不缺资金，缺的是好的项目，而对于金融投资而言，中国的投资者最钟爱的不是股权，而是债权。中国目前的投资环境整体来说不是很好，对于投资人的选择及投资的回报而言，发达国家的投资品类更加丰富，股权或者股票收益相对稳健，而中国目前的股票市场或者股权投资市场还处于极少数人赚钱的状态，对于高净值客户即对于大额投资额度的投资人，投资收益的预期本身不高，考虑到债权的稳健和资产配置的需要，这部分人群的大部分理财投资主要配置的是债权。对于中等收入人群，由于目前所谓的“各行各业都不好干”的投资预期，稳健的债权投资反倒成为中等收入人群主要的理财或投资品类，例如信托、银行资金池理财、货币市场基金等。

而从借款人的角度，太多处于夹层中的中小企业无法获得融资，而 P2P 平台恰恰给他们提供了更加便捷和有效的融资方式。2013 年以来，资本对 P2P 的关注不断升温，P2P 网贷的融资不断，有利网获得千万美元 A 轮和千万美元的 B 轮融资，人人贷获得 1.3 亿美元 A 轮融资，拍拍贷获得千万美元的 B 轮融资，积木盒子获得首轮千万美元融资。这些风投真的是“风险”投资，仿佛看到了 3 年前一窝蜂地投资团购网站的影子。资本对 P2P 的期待是正确的，最难跨越

创业箴言

P2P 网贷根本不是小额贷款的官方网站，P2P 金融更需要的是信用体系和大数据平台的建设。

的往往是政策关，尽管目前有太多的政策空白，但无论是地方政府的积极推动和树立品牌，以及主流媒体的一度关注，都已经表明了政策对其的青睐，因为P2P确实解决了部分中小企融资难的问题。

积木盒子是个聪明的企业，把央视财经频道的新闻采访放在自己的官网上，充分借用最权威的媒体为自己的360度数据调查和信用体系做背书。将来会有更多的P2P网贷利用各种背景或者山头，甚至“拼爹”的方式给自己平台的信任度做背书。而对于这种背书，借款方和投资人还是非常买账的，毕竟超过12%以上的年收益加上高大上的平台出身是两把利剑。

关于投资的退出渠道，资本是聪明的，因为越来越多的互联网企业都在关注P2P网贷，互联网企业在建立用户库及大数据平台的过程中，与P2P网贷形成很好的呼应，大数据与P2P的结合正是呼应了互联网企业收购这些P2P的很好预期。唯品会的上海和广东的小贷牌照已经拿到，继阿里和京东之后，小贷俨然成了电商的标配。58同城近期也联手新鸿基下属的亚洲联合财务公司，试水互联网金融，这种互联网社区或门户公司涉足P2P的也将愈演愈烈。

至少在两年内，投身或者投资P2P的机会还是很多，行业的洗牌和整理还需要一段时间，无论是P2P网贷的创业，还是对其的投资，这是一个最好的时代！

创业箴言

至少在两年内，投身或者投资P2P的机会还是很多，行业的洗牌和整理还需要一段时间，无论是P2P网贷的创业，还是对其的投资，这是一个最好的时代！

“股权众筹”路在何方

如果说当前股权众筹的融资模式是“忽如一夜春风来”，那么股权众筹的公司就是“千树万树梨花开”。如何看待这种新生事物？中国的股权众筹路又在何方？

众筹 2009 年时起源于美国，最早是发布者有创造能力但缺乏资金，支持者通过花钱来支持发布者的项目，从而获得一定的回报。众筹其实不仅是对项目资金的融通，最主要的是带来更好的营销和宣传的效应。

股权众筹是众筹的其中一个品类，是把融资的企业放到平台上，设定在一定时间内吸引投资。我认为这是创投圈未来发展的一个非常重要的趋势。股权众筹在美国已经是相当普遍的一种投融资行为，但在国内还有一些问题需要解决和探讨。

在国外，天使阶段股权众筹已经发展成为一个不错的投资品类。美国 Angelist 统计，截至 2013 年年底，有 10 万家企业挂牌，促成了 1000 多家创业企业成功融资。虽然无法强调数据的精准性，但是就喜欢从事互联网行业、创业环境优越的美国人来说，这个数据还是相对可靠的。

在国内，很多股权交易所中的项目信息发布平台等都是类似于股权众筹平台的。只不过股权众筹具备更多的互联网互动及项目发布倒计时的预设模式。目前众筹网站上的项目种类很多，然而如果没有真正接地气，没有特色，或者不具备线上线下的及时互动，股权众筹也只不过是披着互联网金融的外衣，在走项目信息发布平台的老路。

投资人通过网站去了解五花八门的项目，一开始会非常感兴趣。但目前

创业箴言

众筹其实不仅是对项目资金的融通，最主要的是带来更好的营销和宣传的效应。

大部分的项目获取是通过身边可信赖的朋友、同行的推荐，因为股权投资是一个很“投钱相对容易但是投后更需要沟通”的事情。

首先，投资人都有自己的投资习惯，先看项目还是先看人？不少天使投资人或者是职业投资人，对赛手的把握要重于对赛道的把握。对于投资，我个人非常重视创业者本人的能力。这无法通过简单的互联网去做出简单的判断，往往需要一而再、再而三地去接触、去打听、去了解。股权众筹大多是一些项目的罗列，往往并不是直接与创业者接触和了解。这通常会造成投资人只是关注项目或者商业模式而缺乏投资推进的执行力。所以，对于时下股权众筹的主力军——小企业融资来说，“看人”更是重中之重。

其次是信任。毕竟股权融资的项目不是淘宝的产品，可以标准化，无法做到只要是某个股权众筹网站推荐的项目，就认定其质量一定很高、风险一定很低、团队一定优秀。在对股权众筹的网站还没建立起信任以前，对于网站公布的项目又凭什么建立信任呢？

股权众筹路在何方？

股权众筹虽然是一种趋势和模式，但其 5%的融资成本相对来说较高。而一般质量较高的企业进行股权融资可以接受的融资佣金是 3%左右。然而毕竟网站需要投入巨大，较少的佣金收费又很难维系其快速的成长，这对众筹网站是一个不小的考验。

另外，非法集资一直是众筹不得不面对的一个质疑，即使没有超过 50 个人或者股份公司没有超过 200 个人，其监管和定位一直处于游离状态。

那么股权众筹应该怎么去发展呢？

第一、知名的企业的加入。

如小米、京东等，如果这类公司通过有限合伙募集的方式在股权众筹的网站进行募资，容易树立威信，融资过程也相对简单，这种创业投资的众筹方式可能会比天使股权众筹更接地气。

对于大多数企业融资而言，众筹还只是尝试性的融资工作，主要还是通过自己的融资经理，或者融资顾问进行，但我个人认为，随着其不断的试水和发展，在未来，随着众筹模式经历更多的坎坷和接地气，更新的商业模式和快速的发展指日可待。

第二、亟需解决信用问题。

股权众筹网站基本不会对投资的风险负任何的责任。而相比之下，P2P网站都会提供一份投资担保。P2P 基本是债权投融资，条件相对简单，涉及利率和借款时间等。股权众筹的条件相对复杂，包括对赌、回购条款、估值方式，甚至涉及将来如何参加股东会，或谁是股东代表等问题，而且融资金额相对债权融资要大。

以电子商务平台为例，淘宝是利用支付宝解决了信任问题。股权众筹网站亟需这样一类产品或者信任评级体系来规范中国的投资者。

第三、要积极调动个体参与的积极性。

目前的股权众筹网站针对的大都是机构投资人或者天使投资人。其实从长远发展来看，个体才是其主要的发展力量。

股权众筹这条路在中国还有很长一段要走。不过不管怎样，都应用发展的眼光去看。股权众筹是一家企业很好的商业融资渠道，在未来也许会成为一种投融资习惯。作为投资人最不应该的就是轻易否定新生事物，所以我个人非常相信这将是未来很重要的一种融资模式。

创业箴言

股权众筹这条路在中国还有很长一段要走。

互联网金融应该怎么玩

阿里巴巴的“宝宝们”于2014年中又诞生了一位集文化、互联网、金融于一身的新宝宝——“娱乐宝”。阿里巴巴是一家把互联网金融“玩”得相当透彻的企业，支付宝玩的是第三方支付，余额宝玩的是互联网金融媒介，娱乐宝玩的是众筹。这个“新宝宝”的降临是备受争议的，1000元的进场限制，卖保险的产品本质，电视剧及游戏的屌丝噱头，7%的预期收益，每一项都够让大家争论不休。

娱乐宝只是文化众筹的开始，文化其实算是相对传统的行业，无论是影视剧还是电子游戏都有了几十年的历史，但是当互联网看上文化后，文化便更具力量：乐视网的影视独播剧一度超过电视台的影响力，手机游戏的企业估值一度超过百亿元，娱乐宝可以让任何一个普通人成为电影出品人……这就是文化傍上互联网的力量。

从商业模式和盈利模式角度分析，对于相对传统一些的文化和创意产业而言，如果能以互联网思维和角度出发，新的文化互联网模式就成了文创产业的新生力量。人们经常说核心竞争力，其实在传统行业发展越来越受到挑战的今天，大家更应该关注核心生存力。有了互联网思维，文创企业在新的发展态势下会更加具备核心生存力。

互联网的本质是效率，是渠道，是手段；金融的本质是资金的融通。说到底，互联网和金融都是中间环节，需要落地的实体和内容，而最好的切入点就是文化，因为文化是眼球经济的代名词。除众筹与P2P外，互联网金融

创业箴言

互联网的本质是效率，是渠道，是手段；金融的本质是资金的融通。说到底，互联网和金融都是中间环节，需要落地的实体和内容，而最好的切入点就是文化，因为文化是眼球经济的代名词。

的品类还包括第三方支付、信息化金融机构、互联网金融媒介或门户、大数据金融等。

与其说是文化爱上互联网金融，不如说是互联网金融爱上文化，单独从文创产业的角度去思考很难具备彻底的互联网思维，只有抛开传统产业的所有束缚，以分享、用户至上、服务等为核心的互联网思维为出发点，加上文化的内容，文化才会焕然一新。娱乐宝从本质上分析是文化借用了众筹这种融资方式。和传统的融资方式相比，众筹最大的核心武器就是小额和大量。

未来最有前景的三个领域是文化，健康，互联网。其中两个热点的整合将更会受到关注。做文化众筹，“眼球经济是卖点”，“信任力”是根本。毕竟众筹的项目不是淘宝的产品，可以标准化，对于项目和人的理解根本做不到只要是某个众筹网站推荐的项目，质量一定很高，风险一定很低，团队一定优秀。对于众筹的网站都很难建立起信任，对于网站公布的项目又凭什么建立信任呢？2013 年曾经发生的某个众筹项目发布人由于原有项目的经营不善，将筹集上来的资金挪为他用，造成了投资人和项目发布人的不小争执以致诉讼。这种案例一直在警示新事物带来的新问题。

非法集资一直是众筹不得不面对的一个质疑，即使没有超过 50 个人或者股份公司没有超过 200 个人，其监管和定位一直属于游离状态。“法制力”一直是人们对于众筹这一事物终究绕不过去的话题。

其实从一般的众筹网站的项目品类来看，基本上有两大类，一种是互联网项目，一种是文化创意项目，而其他的产品类型包括在线教育、旅游等相对份额较小。从一些众筹网站上经常看到一些音乐新人开演唱会的众筹项目，由于对新人的不了解和其推广力度不够完善，众筹网站不过是披着互联网金融外衣的“票务在线”。所以真正考验大文化众筹的关键点就是“推广力”。

当然一些众筹网站也很敏锐地推广春晚红人大萌子的新书——《时间都去哪了——我和老爸的 30 年》，这让我们不得不去思考，众筹网站热卖的大多是 Offline to Online 的产品，即已经是在线下非常有知名度的产品，通过

创业箴言

和传统的融资方式相比，众筹最大的核心武器就是小额和大量。

线上去进行销售。但其实这样的产品和当当网卖书有何区别？与电子商务平台比较，淘宝也是在支付宝出现后解决了其信任的问题，众筹网站急需这样一个产品或者信任评级的出现去适应中国的投资者，也更需要强有力的推广力度去差别化众筹网站的与众不同以及超强的策划推广能力。

乐童音乐是一家专注于音乐行业的项目发起和支持平台，项目方可以发起一个有创意的和音乐相关的项目和想法，并向公众进行推广，获得用户的资金支持，完成梦想。在音乐众筹这个领域，乐童是做得较早的，它给项目方提供两种筹资模式预售筹资模式，不论最终是否达成筹资目标，都可以获得一定的筹资金额，帮助完成音乐创意项目，给予支持者回报；或者选择固定的筹资模式，如果最终未能达到筹资目标，资金将返还给支持者。互联网金融对于文化领域还是个新鲜事物，所以空间特别大，如果文化项目和文化企业错过互联网金融这次对各个行业的洗礼，可能在明天，银行业对互联网公司的死磕和叫板就会出现在文化领域。

谈到大数据和文化，一定要谈到艺能科技，艺能科技可以从市场、剧本、班底、生产、发行 5 个方面对一部电视剧进行数据化的评估，艺能科技的创始人也是业界经常提到的影视大数据第一人祝金甫。祝金甫之所以能把影视大数据做得如此专业，关键还是其十多年的数据积累、深耕影视行业以及专业的统计学背景。当时北京卫视准备购买某影星的一部电视剧，但是因为对剧情及收视率的不确定性，找到艺能科技进行数据分析，当祝金甫团队把过去十几年的影视播出信息进行聚拢并有效分析后得出的结论是，该明星的电视剧在北京卫视之前所有播出的电视剧中的收视率与其他几个主流卫视比较是较低的，因此北京卫视没有购买其主演的电视剧，而数据分析中较高的卫视最终购买了该演员主演的电视剧。这就是很简单的大数据的应用，但是说着简单，背后的积累和专业是至关重要的。

从趋势上分析，娱乐宝未来发展的点将更加贴合阿里巴巴的文化金融产业链，阿里巴巴近期收购的香港上市公司文化中国推出的一系列影视剧大多会绑上娱乐宝来融资和推广营销，即使娱乐宝不能非常卖钱，但是很多参与者们对项目的参与度和关注度已经奠定了其文化大餐的产品本身的大卖，这才是文化互联网金融最核心的东西，就是表面是把文化产品用互联网融资，其实是通过互联网来做文化产品的营销。

文化的互联网金融，你学会了吗？

民营教育怎么赚钱

不少人，尤其是中小学生的家长，在看到民营教育课外辅导班的现金流特别丰厚，隐忍不住诱惑后，踏入民营教育培训领域，然后残酷的现实和犹如一重重热浪般的坎坷让很多门外汉血本无归。其实不难发现，自 2012 年以来，传统的民营教育越来越难做，同质化竞争严重，房租成本越来越高，人越来越不好招。本来在一个城市做得不错，只要一扩张，就会遇到当地的文化融入问题、政府保护问题、品牌不认同问题、管理不及时及标准化问题等。

做管理做久了就发现“管人不如管动物，管动物不如管植物”，在这个讲究个性的年代，任何传统的管理方式似乎都需要和谐式的让步。

这两年的民营教育发展确实遇到了转折，前几年做民营连锁教育，跑马圈地、全国开店，感受何为驰骋疆场，这几年逼着活下来的教育企业精耕细作，主攻一两个城市，做深做透。其实，成功不可复制，失败不可避免，借鉴别人的失败和自己经历失败效果差太多，很多事情企业家亲身经历，痛得厉害，才会发人深省。

安博教育的退市一直发人深醒，新东方的大量裁人仿佛就在昨天，一家接一家的民营教育因现金流断裂突然关门的事件不绝于耳……民营教育到底怎么了？它的方向在哪里？

全通教育创业板上市首日暴涨 46%，全通教育是从事家校互动信息服务的专业运营机构，从属于家庭教育信息服务领域。主营业务是综合利用移动通信和互联网技术手段，采用与基础运营商合作发展的模式，构建信息化系统平台，为中小学校（幼儿园）及学生家长提供沟通互动服务。全通教育的大股东中不乏“大佬”。其第四大股东北京中泽嘉盟投资中心（有限合伙）的 5 位股东，分别是俞敏洪、江南春、丁健、吴鹰和桂松蕾。

看到这里，可能很多做教育的创业者会鄙视，会不屑一顾，会激动或者会怅惘。其实我们更需要的是一种思维。民营教育出身的创业者大多是两种人，一种是老师出身的，专业能力强，但是企业家狼性的一面不够，另一种是做市场出身的，一边代言某种教育产品的专利，另一边发挥自己的特长搞销售，但这种创业者核心竞争能力不突出，总是感觉找不到根。当我们敢十分肯定未来教育的发展方向就是互联网、就是移动终端的时候，这种与生俱来具备互联网意识的创业者或者企业才是更适合做好教育的人。

2014年下半年，巨人教育与鹏博士（600804）的线下线上的结合开启了民营教育传统与 IT 的联姻之路，双方试水 O2O 模式下教育产业的新商业机会。针对中小学的课外辅导，巨人教育披上了在线教育的外衣，鹏博士也穿上了教育培训的新装，双方共同打造直播、点播、互动的教育全平台——“空中万人云课堂”。这种结合是民营教育发展的必经之路，如果不是合作，巨人教育很难做出像样的在线教育来，毕竟传统的思维要想转变成互联网思维是非常困难的。

谈到中国民营教育的发展，无论创业板是否开口，无论是否受到中国教育体制的影响，其实做强、做大需要的是新时代下的思维，就像《中国合伙人》里面，最终“新梦想”选择上市也是因为成东青的思想发生了根本性的扭转。

好运吧，中国的民营教育……

创业箴言

线上、线下的结合是民营教育发展的必经之路。

抓住“大文化”

大文化，是文化及创意与各个产业的融合促进形成的新的产业升级。

大文化是文化及创意与各个产业的融合促进形成的新的产业升级。大文化是中国经济未来发展的核心竞争力，是中国企业未来发展的核心动力。企业发展缺乏灵魂，缺乏生机，缺乏存在感，是因为缺少大文化这一核心要素，企业原有要素融入大文化，使得要素及产业链升级后产生新的动力。

例如文化科技、文化地产、文化金融、文化食品、文化养生、文化互联网等，都是大文化的热点整合形式，这种文化和其他产业的融合促进会形成新的并购热点。

大文化是中国经济发展的新的增长点，应该受到各行各业的重视。

姚记扑克本是传统制造加工业，2001年正值澳门何氏澳门博彩旅游公司博彩执照到期，澳门政府改革澳门博彩业发行了三张博彩执照，姚记扑克抓住了这个机会与澳门新兴的永利，金沙，和记娱乐城等七家赌场进行了合作，签订了合约生产高质量的扑克牌，之后姚记扑克快速发展成为行业翘楚。

这几年随着文创产业的发展，影视娱乐等行业的热度一直不减，教育培训行业正是抓住这一契机，开设了一系列的舞蹈、表演等艺术培训学校，一些较大的艺术培训机构接连获得风险投资，即将申请 IPO 的不在少数，而艺术培训学校正是大文化的又一体现。

房地产业的发展在中国一直受到各方面的质疑和关注，而当房地产绑上养老，人们对于养老地产的前景，无疑是相当看好的。房企及保险机构大力追捧养老养生地产项目的现状已经十分清楚，正是其大文化的产业升级形成了地产的发展新动力。

2014年以来，文化创意产业并购案风起云涌。这背后，离不开资本的推动。

未来十年，大文化的投资机会看好。衰市玩黄金，盛世玩收藏，即在盛世的时候艺术、文化会得到更好发展，在衰市的时候黄金才值钱，这是基本的原则，因此，当经济越发达的时候，文化娱乐的需求越来越重要。文化属于上层建筑，政策的支持对于文化创意产业的发展至关重要，而新一届政府不断出台对文化创意产业的政策利好，相信未来十年，文创产业仍蕴藏着诸多投资机会。

2009年10月30日，华谊兄弟登陆创业板，开启了影视文化企业上市的先河。之后，光线传媒、华策影视等影视公司相继上市，影视公司成为近几年来资本市场耀眼的一颗新星，掀起一波又一波投资热潮。

民营的出版公司目前也有上市的计划，与影视行业不同的是，它们属于稳扎稳打型，并试图与互联网和移动互联网深度整合。

依据国际惯例，一国经济发展到人均国内生产总值3000美元以上时，人们的消费就会从物质消费向精神消费、休闲娱乐等文化消费上转移。发展中国家经过快速发展的阶段，将进入一个瓶颈期，如果无法完成产业结构的升级，无法完成政治结构的改革，必将和大多数曾经的发展中国家一样，无法进入发达国家的行列。之前的阿根廷、菲律宾就是最好的例子。

中国已濒临“中产阶级陷阱”，人们基本的物质需求已经满足，再往上拼搏的意识并不会很强，此时最大的经济增长点就在文化上。

中产阶级陷阱在二线、三线城市已经非常明显，早些年企业招聘一个员工，员工会很拼命地干活，但现在的年轻人啃老现象非常严重，因为他们“不差钱”，一旦受到创业者批评就会裸辞，年轻人对物质的追求不像以前那么迫切了。

其实，无论是游戏、动漫还是影视行业，很多还是粗放式的项目制，正因如此，资本的机会和作用也是巨大的。

文化行业最大的特点就是对人才的依赖性很强，而人有很多不确定因素，很多时候“和也在人，散也在人”。不同于传统工业有一条完整的生产线，要有很强的团队，需要日积月累的考验，文化企业的成功有很多偶然因素。

2012 年以来，国家政策对创业的支持力度放大，注册手续变繁为简，注册门槛降低，取消验资，推出免税等优惠政策，这会吸引更多年轻人加入文创产业创业大军。

这几年，周围认识的好多朋友，都看到了创业的政策利好，越来越多的大公司的项目经理变成小企业的创业者。

由于文化企业的创业门槛相对较低，可能有个好项目，或者有个好点子、好编剧，就可以创业，甚至创造票房奇迹，一战成名。

而从项目经理变成创业者的关键就是梦想和融资能力。

同时，整个产业的发展趋势则是强者更强，弱者更弱甚至被淘汰。随着万达、BAT（百度、阿里巴巴、腾讯）等资本大鳄进军文化领域，加上华谊兄弟、华策影视、宋城股份等上市公司不断做大做强，未来十年，不同类型的公司会出现一两个强者，跻身世界型的娱乐传媒集团。

资本其实是逐利的，融资是把“双刃剑”。不可否认，近几年文化之所以繁荣，资本的力量不容小觑。

资本对文创产业带来的正面效应包括两点，首先是加速行业的竞争；其次是帮助好的想法付诸实现。文创产业尤其是影视，需要大量资本支持。原先，这个行业是讲资历的，但大量资本涌入后，圈里一些特别有资历的人、老企业家反而被新生力量打败了，所谓长江后浪推前浪，现在新出来的很多互联网公司、影视公司创业者越来越年轻，一些原来自认为有资历的“大佬”越来越意识到，这些原来都是我的学生怎么现在企业做得比我还大？这都是资本在背后帮助的结果。文化是传统行业，近期之所以备受关注，主要原因有两个：一是资本的推动增强其核心生存力，二是互联网的推动增强其核心竞争力。

不过，对于资本，很多业内大佬最初都是抵触的。过去我做投资尽职调查的时候，有家文化公司就拿 2007 年的行业排名给我看，当时排在这家企业后面的都是如今像华谊、华策这样的上市公司，这家公司以此来炫耀自己在行业内的资历。但是，投资人看这个排名，很容易觉得这反而是对企业不利的证据，因为这恰恰说明企业根本没有用好资本，资本意识总是慢别人一截。

企业家的资本意识很重要，现在创业者的资本意识还在不断培育中。以华策影视董事长赵依芳、大唐辉煌创始人王辉等为例，他们都是电视台台长转型；华谊兄弟董事长王中军是广告商出身，乐视网 CEO 贾跃亭是 IT 出身，万达董事长王健林是地产商出身，这些公司在一起碰撞，会形成一种意识的融合。

这几年来，企业家也在不断接受再教育，资本意识越来越融合和包容了。一开始可能每个人都会认为自己很厉害，创业者之间有时是互相看不起的，但慢慢他们会发现整个产业的生态圈才是最重要的，大家在产业链里都是可以相互帮助的，所以会走向融合。资本的作用就是让这个生态系统真正循环起来，谁是太阳，谁是空气，谁是水，一开始大家不知道，资本起到促进血液循环的作用，增进彼此的沟通。

当然，资本也有一些弊端，资本会让文化变得越来越浮躁。今天之所以商业片云集，就是资本的负效应造成的。资本始终是逐利的，这就导致影片的商业性很强，艺术性不是很强，越来越像快消品，把文化做成快消品有点贬低文化的意思。同时，并购、融资是条“不归路”，企业需要不断做大、再融资、再做大、再融资，等等，企业寻求扩张的同时也面临资本逐利的风险。

资本对文化的正面影响大于负面影响，并且随着不断调整，随着市场经济的不断震荡，一些负面的影响也会随之消散。这就是常言所说，“事情到最后往往会是好的，如果现在还不是好的，是因为还没到最后。”

抓住大文化吧，无论创业者从事什么行业，都可以与它相结合！

创业箴言

资本的作用就是让这个生态系统真正循环起来，谁是太阳，谁是空气，谁是水，一开始大家不知道，资本起到促进血液循环的作用，增进彼此的沟通。

“跨界”能否带来出路

2014 年 4 月 25 日，浙富控股（002266）发布拟以 8.4 亿元收购梦想强音 40%股权的公告，后者主要运营“中国好声音”附加及衍生业务，包括“中国好声音”系列节目的艺人经纪及商业演出、品牌管理及衍生产品开发、互联网衍生业务等。

在创意产业各项细分领域中，音乐产业的盈利是相对最难的，而“中国好声音”品牌价值不断提升，甚至其他类似的栏目特意避开相同的播出时段。

值得一提的是，此项收购增值高达 20 倍。按照公司的说法，评估增值较大的主要原因系传媒娱乐行业的轻资产特征及梦想强音较强的盈利能力。

事实上，40%的股权仍不是浙富控股的最终目标。按照 2014 年 4 月 25 日的公告，在梦想强音 2014 年度审计报告出具后 6 个月内，浙富控股有权以现金或股权方式按照约定的定价原则收购梦想强音不低于 11%的股权，即浙富控股届时将合计持有不低于梦想强音 51%的股权，成为其控股股东。

从参股 20%加码至参股 40%，再到谋求 51%的绝对控股，这种分步式并购将成为上市公司并购文化、科技类轻资产公司的主流。

首先，上市公司对文化、科技类的轻资产公司未来估值的判断存在风险，先收一部分股权，再看有没有进一步控股的必要，可以有效降低并购风险；其次，如果一开始就对被收购方实现控股，有可能降低被收购公司实际控制人的积极性，而对于文化、科技类企业而言，如果实际控制人积极性不大的话，则是很危险的。

目前，对于像浙富控股这样的主营业务低迷的生产和加工发电机械设备的传统企业，收购文化类公司首先考虑的是能否为其带来新的业绩增长点，同时，它也要面临上市公司诚信的压力，一旦收购后业绩承诺无法兑现，对上市公司的诚信将产生很大影响。其实，传统领域想持续赚钱越来越难，通过跨界来尝试，如果不错就转型的可能性是非常大的。

行业的选择是创业者一直不断琢磨的。

对于这种跨行业的并购，从某一方面来讲是非常有意义的，因为不懂新行业，又因为原有业务的萎缩导致其非常重视被收购企业，所以原有的传统企业不会太多地干涉被收购企业。相反，很多行业内的并购，约束的条件除了业绩达标，还有非常多的管理融合、发展战略调整等，而这些又是很难处理好的。

跨界，是另一种机会的探寻，互联网与化妆品的跨界形成了化妆品电商，互联网金融和文化的跨界形成了文化众筹，做大数据的和健康跨界形成了疾病的大数据预测……作为创业者，既要谨慎又要乐观地看待跨界，在每个领域都不缺精英的年代，跨界精英就变得缺乏了。

创业箴言

作为创业者，既要谨慎又要乐观地看待跨界，在每个领域都不缺精英的年代，跨界精英就变得缺乏了。

未来属于 70 后、80 后还是 90 后？体会大学生的创业路

作为清华大学研究生创业导师，我参与了 2014 清华大学校研究生团委举办的产品发布暨首次创想 ing 展示系列活动的评审以及创业知识的讲授。

13 个项目，几十个创业团队，值得欢喜的地方和出现的问题有必要在这里分享……

首先谈谈大学生创业的比例，在清华大学每届 6000 左右毕业生中（含本科生和研究生），毕业后创业的才几十人，远低于 5%，而相关机构正有这个计划在 2017 年之前把这个数字提到 5%。推进大学生创业的相关政策的扶持工作正在进行中……

大学生创业是艰难的，但也是不乏激情的。虽然从舆论上，大学生创业的话题一直都很流行，但大部分是与时代背景密切相关的，根据人力资源和社会保障部的统计，2007 年到 2008 年就业状况不理想。所以许多大学生都选择创业来实现就业。但是就创业而言，一定不能鼓励所有人创业，一定是适合的人才创业。对于大学生也是一样，不能说找不到工作了，那就创业去吧。这样的创业太危险。

在这 13 个项目里边，有的是因为好玩创业（女性生活的 APP），有的是激情创业（扫描花草的 APP），有的是创意创业（甜食惊喜），有的是博士生的研究课题创业（气味通信），有的是生活创业（搭建大学生高校论坛）。

作为一个创业者，如果能把好玩、激情、创意、课题研究、生活融为一体，这次创业一定会有所建树！

创业箴言

作为一个创业者，如果能把好玩、激情、创意、课题研究、生活融为一体，这次创业一定会有所建树！

关于激情，虽然说年轻人最值钱的东西就是激情，但是必须强调，最不可靠的东西也是激情。一位创业者的 PPT 写着，“我们团队的特点就是有激情”，可是，激情是感觉，不是抓手，激情是一种感觉而不是一种考量。

“嘴上”的激情不值钱，“变现”的激情最值钱！

激情，是一种强烈的情感表现形式。具有迅猛、激烈、难以抑制等特点。人在激情的支配下，常能调动身心的巨大潜力。

激情有时会营造不踏实的印象，大学生的激情是迸发的，但是，越迸发、越猛烈，越难以持久。有些激情往往发生在强烈刺激或突如其来的变化之后。如果参考资本市场的股市走势，欲上先下，欲下先上，走势越陡峭、越大幅必定换来大涨之后的大跌，而那种“小慢牛”才是更让人放心的。

创业其实真的很艰苦，只有创业者才真的知道有多苦。这次的 3D 打印项目让人印象特别深刻。创业者之前是深圳年薪二十万的白领，在清华读在职 MBA 的机会和校友团队看到了 3D 打印领域的机会，毅然决然地辞职创业。

按这个 3D 项目创业者的话讲，创业是艰苦的，毕竟没了基本的经济来源，需要完全靠项目的现金流支撑，而目前的项目近期才准备走向市场，只有不停的现金流出，还没有现金流入，他们刚在中关村租了 110 平米的办公地点准备引入更多团队，租金还是由团队成员们拼凑的。真的，从其充满血丝的双眼中可以看出，昨晚又熬了整夜……

创业真的这么苦？可能答案必须是肯定的，但是，如果这样艰苦下去，创业还有什么意思？当时我特意问他，这段时间创业的快乐有哪些？他闪烁其词，然后补充说有清华的 MBA 同学们的聊天和沟通是快乐的。

其实，创业艰苦是正常的，但是艰苦不等于不快乐，如果“苦”到了没有“快乐”，说明还是哪里出现了问题，或者是商业模式，或者是产品，或者是管理，或者是自己。苦不等于不快乐，创业一定要快乐，才能成功！

还记得之前同事的一段创业经历，刚刚毕业后在深圳打工，作为软件工程师，但是给别人打工总觉得不舒服，因为自己的想法的总是在公司无法实现（这是很大一部分创业者选择创业的导火索）。就这样他把家里准备和女朋友结婚买房了付首付的钱拿了出来，和同学成立了软件公司。但现实是残酷的，研发进行中就已经花费了创业准备的大部分资金，当软件投入市场后，发现市场反馈和自己的研究付出不成正比，现金流少得可怜。这时，雪上加霜的事情发生了，估计是另外一个合伙人没有太多信心加之家庭给的压力过大，提出了撤资，第一次遇到这么大的打击，他真的慌了，他们两个人彻夜交谈，最终还是无法阻挠对方撤资的决定，就这样，公司在他们半年的孕育和尝试中，解体了……

和一些人还没有恋爱就分手一样，这种还没有达到中国中小企业平均生命周期 2 ~ 3 年就解体的创业团队太多了。而这样的解体，大多数时候的结果就是创业者对创业产生了恐惧，然后又老老实实地回去打工了。

路，不通时，选择拐弯；心，不快时，选择看淡；情，渐远时，选择随意。有些事，挺一挺，就过去了。有些人，狠一狠，就忘记了。有些苦，笑一笑，就冰释了。有颗心，伤一伤，就坚强了。坎坎坷坷人生路，坦坦然然随缘行。致那些创业中苦中作乐的人！

接下来评审的一个项目是基本时间管理的移动社交应用，它率先提出了时间加社交的概念。这位创业者的经历背景是毕业后在外企工作 10 余年，经历了五家大企业，在近 40 岁时，怀揣创业的梦想和清华的同学组成了创业团队。但是毕竟互联网的项目大都需要烧钱，融资不顺利，使得他不得不烧自己的积蓄。融资是这家企业最重要的事情，如果不能及时融资到位，企业将不得不关掉。这个创业者是有梦想的，在人生经历各种打工角色和考验后，终于下定决心创业。

趁着创业者还有这个激情，实现梦想是美好的。但是如果已经积淀到 40 岁，选择创业之前一定要把自己的资源用好，尤其是资本的资源，因为 40 岁的年龄已经是公司的高管，选择这种需要大量资金推动的互联网行业，一定要争取和资金方或者天使投资人同时启动项目，如果创业者多年的打工经历都无法说服天使投资人的话，要么就是创业者的能力不够，要么就是没有等到和遇到合适的资金方。

创业箴言

启动创业的时机是至关重要的：创业的时机、融资的时机、推向市场的时机、登陆资本市场的时机……

启动创业的时机是至关重要的。尤其对于创业者，一定要充分明白，“时机”——创业的时机、融资的时机、推向市场的时机、登陆资本市场的时机……人生处处需要把握的也是“时机”。

另外一个项目是对游戏、动漫、影视形象版权进行事物周边产品的原创。这几个研究生毕业的团队实在厉害，短短1年已经有了1000多万元的收入，而且已经盈亏平衡。抓住文化创意这一国家大力发展的领域、发挥团队对游戏等相关行业的敏感度，紧跟创意和设计的优势，设计出的卡通人物和生活消费品、服装、衣帽、闹钟等结合，再加上与大型游戏公司独家签约的卡通人物形象经纪，已经把这条路趟得顺风顺水。其实找出特色、合理定位和发挥自己的特长是创业团队的一把利剑。创意是很难复制的，抓住文化创意的眼球经济和浓厚兴趣，团队自身会形成强大的核心竞争力。

当然接下来的问题也需要面对，就是公司的主要成本都在设计人员的工资上，对于这类公司，如果不能通过一定合理的激励机制或者适当的合作方式，创业者给设计人员打工的局面会愈演愈烈，到最后公司会从盈亏平衡走向亏损。

果味调频是通过网络杂志的方式，构建一个引导“优质生活”消费体验的垂直电商。创始人2008年的时候以联合创始人的身份加入一个IT公司，5年后公司被收购获得第一桶金，之后便开始创建自己的电商公司，而公司“做大众中的小众”的口号是其与众不同之处，公司的特色是根据信息不对称的原理通过团队的精心挑选，选出优质生活的品类商品。这也是一种典型的创业者，从联合创业者身份走向创始人的角色。这种创业经历是值得提倡的！从一家企业由小到大深度参与的过程是自己创业的非常关键和极其珍贵的经验。当然，做老二毕竟和做老大承受的压力是完全不同的，并不是所有人都适合当老大且可以一直当下去……

气味通信是一个很有技术范儿和创新力的项目。团队由博士生组成，项目是博士研究的课题，同时也是多项清华创业项目的大奖获得者。气味通讯就是运用于数字媒介，能够对气味进行感知、传递和接收的一种技术。有一些创业者尤其是理工科的毕业生会把自己的专业研究进行产业化。这样的创业者的优势就在于对产品技术的把握，但企业的市场推广以及产业化具体实施结果是需要考量的。

如果只是一个大而全的产品，是没有市场切入点的，技术与市场的结合需要在细分领域实现突破，不然只会停留在技术上！

创业者的项目讲授能力是需要提高的，无论是对于投资人、团队的招募、还是合作方的筛选。一个常春藤在校生留学指导、海外名校研修的项目在讲授的时候，在规定的时间内没有切入项目的特色，而且讲授的时候一些负面的、消极的话随口流出，看着可能非常屌丝化，很亲和，但实际上这样的随意是很难驾驭企业的。

最近几年有种现象越来越明显：原来大家认为那些不善表达、但闷头做事的创业者是最受资本市场或者合作伙伴喜欢的，可是，近些年随着越来越多的资本的涌入、天使投资的盛行，使得创业者在融资时不得不磨炼自己的表达能力和演讲能力，越来越多的创业者的“说和做”的能力同时都在不断提高，表达能力越来越强，感染力也毫不逊色。这就要求新时代的创业者在做事的同时，必须重视自己的表达、演讲及沟通能力。

关于智商和情商的博弈，我一直认为，智商高的不一定情商高，情商高的智商一般不会低。情商是创业者成就事业的关键因素。之前有个说法叫“忍住前6秒，改变情商”，虽然具体数字无从考察，但是足以值得让人体会。情绪产生后，需要6秒钟才得以与思考连接。即6秒前，情绪不被理智影响，若发生行动，就是本能的情绪化反应。这6秒钟决定了你93%的领导力、43%的生活品质、27%的组织利润、25%的健康状况，是决策的关键！忍住前6秒，再行动！

情商主要是指人在情绪、情感、意志、耐受挫折等方面的品质。情商是领导力的重要构成部分。智商、情商、意商（意志商）、心商需要创业者不断重视和培养。

一个叫孔夫子的网站是帮助家长寻找、筛选培训班，通过云教务APP来监督孩子学习的项目，创始人曾经经营美术高考培训。在逐渐运营中，对于这种小、多、散、乱的美术培训行业，创始人感觉到了经营的困难，萌生了整合整

创业箴言

技术与市场的结合需要在细分领域实现突破，不然只会停留在技术上！

个行业的筛选培训网站项目的想法，这种类型的创业者属于转型类的创业者。如果这个项目想要成功，只有两种可能，一是原来做线下的创业者真正领悟了互联网的玩法，二是与志同道合的拥有线上经验的合伙伙伴共同开发。

现在不少创业者谈得最多的就是“转型”。但是由传统行业转向互联网，是要十分小心的，毕竟传统思维和互联网思维有着本质的区别。现在大部分的转型者都想要做 O2O，但是线上和线下，天上和地下的极度不相同非常考验创业者本人思维的转变。线上和线下的思维，学是很难学来的，需要的是日积月累的经历和感悟。

一些媒体曾经问：最后做成互联网金融老大的公司会是互联网公司呢，还是银行等金融公司呢？当然最后的结局应该会不相伯仲，同时会有双方的代表，即互联网出身的和金融公司出身的互联网金融公司同时领导整个互联网金融的发展。传统和新兴产业其实一直是不可分割、互相依赖的。

谈到转型，由创业者转型为做投资人的也越来越多，其中不乏是原有企业的经营遇到了天花板，于是想转型做什么项目呢？去各种大学的各种培训班交朋友，找机会……随着 VC、PE 班在过去 5 年异常火爆，许多要转型的做传统行业的例如房产、加油站、矿业、贸易、小额贷款等创业者逐渐转成了做投资公司、做投资人。但其实，做投资，也是一种创业。

对中国的大学生创业者来说，除了资金之外，创业最关键的是专业经验和人脉关系，而这些非要创业导师和有能力的股东形成合理的补充才可以。国外有不少辍学创业的例子，中国的这种现象也会越来越多，创业不是一种表面上的潮流，而是一种时代发展的要求！

第 5 章

chapter 5

创业的“人和”

“既然选择了远方，便只顾风雨兼程”这是诗人汪国真留给我们的诗句，不惧风雨兼程，才能拥有远方，创业路漫漫，且行且珍惜。

——《首席娱乐官》创始人　陈妍妍

人，是最不值得信任的；人，也是最值得信任的

人为什么怕死？

人之所以怕死，是因为不知道死后到底去哪里。人对未知的恐惧是最大的，所以预测或梦想给人的魅力往往是无穷的。

对人性的理解无论是对于管理、市场还是融资都是非常关键的。

著名天使投资人、金山软件的创始人、小米的董事长雷军大部分的时间并不是花在技术的开发上，而是花在“找人”上。

“找人和分配利益”应该是创业者做大企业的核心能力。

了解人性是创业者做好团队、维护好客户关系、建立良好外界形象的关键。

阿里巴巴的创始人马云认为：客户第一，员工第二，股东第三。虽然听起来和做企业一般提倡的哲学——股东利益最大化有一些矛盾，但其实真正做到客户第一和员工第二之后，实现股东的利益是水到渠成的事情。

大家看一下下面的段子：

一天，儿子不解地问老爸：“既然西游记中，孙悟空能大闹天宫都没事，那为啥西天取经路上，老让观音来帮忙降妖？”老爸深吸一口烟，说：“等你工作了就明白了。大闹天宫时，孙悟空碰到的都是给玉帝打工的，出力但不玩命；西天取经时，他碰到的都是自己出来创业的……

创业箴言

人对未知的恐惧是最大的，所以预测或梦想给人的魅力往往是无穷的。

“找人和分配利益”应该是创业者做大企业的核心能力。

所以，千万不要低估人的决心。从人性的角度出发，一颗做事坚定、破釜沉舟的决心才是创业者必须具备的。

而现实生活中，不少创业者在“是否要创业”的问题上犹犹豫豫，甚至边上班边兼职创业，还有的连团队都是兼职的，说是等融资到位再全职上班，其实这种思想从根本上已经预示了创业的失败。

马德在《一个父亲的箴言》中写道：“一个人要赢得另一个人很容易，那就是学会吃亏。孩子，这个世界上没有人喜欢爱占便宜的人，但所有人都喜欢爱吃亏的人。你想着吃亏的时候，就会赢得别人；那个懂得以更大的吃亏方式来回报你的人，是你赢得的朋友。”

吃亏是多么简单又是多么困难的事情，目光短浅的人总是想着赚了就走，而目光长远的人知道大富靠德，小富靠智。真正做生意的时候，关乎利益的时候，很多人总是绕不过那些人性的贪婪，而只有大悟大彻的创业者才能明白吃亏是福。

一个上市公司的董事长谈到他的融资哲学时对我说：“融资，其实很简单，多请吃饭就是了。”“请吃饭”，这三个字里面蕴含了很多的学问。

人，远比自己想象的要坚强，特别是当回头看看走过的路的时候，会发现自己走了一段自己都没想到的路。生活可以漂泊，可以孤独，但灵魂必须有所归依。勿忘本心，只要勇敢地对过去说出再见，生活一定会赐予人一个新的开始。这一秒不放弃，下一秒就有希望。

读《古代名人家训评注》可以看出，古人非常重视子女教育，归纳成一条：如何做人！无论是《朱子家训》，还是诸葛亮《诫子书》，以及《曾国藩家书》等，都在告诉后代如何做人。做人，这是人生的大学问，大课题。人的一生都是在做人！

什么叫成功？一生做个好人就是成功。

还记得中国著名的律师岳成发过来的短信：“淡泊名利我做不到；大公无私我做不到；无所畏惧我做不到；宠辱不惊我做不到。这是真的，是个好人我要做到”。说得多么的真实，成功其实就是这样简单，也是如此纯粹。

创业箴言

一个人要赢得另一个人很容易，那就是学会吃亏。

做企业最难的事情是什么

在谈管理之前，创业者千万要小心一种管理的局面，因为无数的企业管理架构失败的案例足以警醒，这句话是：“一山不容二虎，除非一公和一母”！虽然这句话看起来比较偏激，不过有太多的案例可以证明。如果公司顶层管理者是两个都很有能耐、又都有“老大潜质”的创业者，而这两位创业者是两位男士或女士，公司可以长期发展的可能性较小，除非这两位创业者是异性。

两个人之间的矛盾两个人最清楚，就和搭伙过日子一样，如果双方的性格不能互补，如果没有一方一直保持足够的谦让和配合，最后的结果一定是分崩离析。创业者在刚搭班子做企业的时候就要避免类似的管理格局出现，这种骨子里的问题不是通过合理的管理方式可以解决的。

什么是人生呢？人是就像上帝给予的一副牌，无论牌有多烂，你都要争取打出一个完美的结局。但打牌的人最怕的就是，当上帝给你一副牌，你准备好要打的时候，一起打牌的人不跟你玩了。

创业者要想成就事业，需要那么一群敢于并愿意一直陪着你玩的人！

没有刘备，张飞就是个卖肉的，关羽就是个拉土的。跟对人很重要，不要被眼前小利挡住未来的光芒。离开西游团队，孙悟空就是个强悍的猴子，唐僧也只是个普通的和尚，所以团队很重要。土豆身价平凡，番茄也如此，但是自从薯条搭配番茄酱以后，麦当劳、肯德基……敢想象吗？所以合作很重要，单打独斗的年代早已过去！

还有一句话更重要，“真正有能力的人都自己干了”！其实公司的高管也好，部门负责人也好，公司营造的状态绝对不是谁在给谁打工，而应该是大家在一

创业箴言

跟对人很重要，不要被眼前小利挡住未来的光芒。

个平台上合作共赢。

现实生活中有不少创业者，总是在分配利益的时候过于小气，没有利用好人性，导致团队四分五裂。

员工和伙伴到底怎么激励？“惰性是成功的阻碍，贪性是成功的动力”。惰性和贪性是创业者最应该了解的人性心理。利用人的贪性，中和人的惰性，是一切激励的根本。当然随着公司的成长直到上市，人的惰性会越来越强，但贪性会越来越大，不怕人的贪性强，怕的是不会利用贪性。

创业者其实做好两件事足矣，找好人，分配好利益。但这两件事怎能像说的那么容易？不少创业者天天抱怨或者天天提到的是，公司现在就缺一个总经理了，找到这个人就可以开始大步扩张了，其实毋庸置疑，公司最重要的人不是总经理，绝对是创业者本身。

如何让一群人死心塌地地跟着你呢？承担就是能扛住这个担子，别人退缩了创业者要挺住。“铁打的营盘流水的兵”，团队就像股市，也会跌宕起伏，但是谁走了，创业者都要挺住，只有挺住了，才能享受抄底的快乐和上涨的收益。

还是就是要给团队创造一个梦想。梦想是相信的力量。其实关于相信的力量，之前一直强调，很多事情是先相信后看到，还是先看到后相信？成功的人往往是先相信后看到，而失败的人是先看到后相信。

团队之所以要跟着你，就是因为你能引领大家朝着梦想前行。当然一些人会负面地认为这是洗脑和画饼，但其实不是的，这需要靠人的意志和从心底里相信。创业也是一股气，坚持到底就胜利了。

创业者要从心底里相信自己有力量。创业就是一股气，气没了就什么都没了。

想做大事业，财散人聚是最重要的。创业者的胸怀主要体现在一定要善于分享利益，能够受委屈，而且一定要理解你的合作伙伴。

创业箴言

创业者的胸怀主要体现在一定要善于分享利益，能够受委屈，而且一定要理解你的合作伙伴。

很多事情说起来容易，做起来太难。很多创业者没有大量的金钱给员工，也没有太多资源和背景，那么员工为什么跟着你？

团队管理原则的关键点就是一定要保持每个员工负责一摊，一些没有经验的创业者总是分配很多助理的工作或者临时的工作，这就是管理的大忌，要有标准化的工作，可以统一地汇报工作的进展，也可以充分发挥员工的主观能动性。如果只是助理或者临时性的工作，员工一直会在被动工作的状态，这样不踏实的感觉尤其对于高管是最忌讳的。

固定的例会也是团队建设需要的，团队虽然需要各自的做事的空间，但定期的沟通是员工之间“收心”的过程，团队之间总要有一个时间是大家畅所欲言、献计献策、做总结、做计划的。

团队管理千万要经常站在被管理的角色设身处地地思考，快乐的工作氛围也是团队管理需要的。如果工作氛围不快乐，那样距离员工离职就很近了。

关于招聘，其实近几年来，员工的招聘越来越难。中国已经步入中产阶级陷阱，人均收入到了600美元以上，经济很难再有大的飞跃，收入增速减缓。人们基本上不缺温饱，但上进的要求也不是很足，这就是出现越来越多的“啃老”一族的原因。客观看，这个环境和背景下招聘是越来越难的，所以导致现在员工犯错误，很多创业者不敢批评，反倒试图去鼓励、去安慰。因为如果批评的方式不恰当，可能第二天员工就辞职不来了，员工会认为反正家里能养活，并不是没有工作就立刻饿死。随着新生代的个性越来越强，很多过去的所谓命令式的管理模式已经不太适合这个时代，相反，开放的工作环境、顺畅的沟通交流、快乐的学习讨论是现在尤其是互联网行业越来越崇尚的。

关于企业文化，先看下面的一个例子。

北京有一位出租车司机，因自己的儿子进入青春期，有逆反心理且厌学，于是这名司机就在车的后座准备本子和笔，基本上只要司机要求，乘客都愿意去写一些座右铭或者正能量的名言名句。一段时间过去了，司机筹集了12个本子，一共一万多条格言名句。当时有一位乘客坐他的车抱怨

创业箴言

定期的沟通是员工之间“收心”的过程。

他所跟的创业者之前很好，但是最近好像相信别人不相信他，这名司机就把自己的本子借给这名乘客看，看完后乘客说，我明白了：勿以小人之心度君子之腹。之后这名司机把本子都给了儿子，儿子看了三天，心就静了下来……

其实，团队管理也是一样，要传递正能量。这种传递的、大家参与的正能量的传播才是最好的企业文化。

创业箴言

这种传递的、大家参与的正能量的传播才是最好的企业文化。

究竟如何才能让客户满意

马云总说“客户第一、员工第二、股东第三”。谈到客户，就一定会谈到让客户满意，但如何让客户满意呢？人们经常说让客户感动，那么何为感动？“满意”，按照中关村天使百人会的会长乔迁的说法，就是“把事情做到极致”……

乔迁是神州新桥的创始人，专为大型的银行提供 IT 运行维护和金融服务。在十几年日积月累的运作中，企业在 2010 年被 A 股上市公司东华软件（002065）并购，成为大型软件集团银行类软件运营的重要支点。对于这种大企业的服务该如何把握客户的需要、风格和满意度呢？

乔迁对感动和满意度的认识是非常独到的。

乔迁说常说“包您满意”，满意度是做生意可以持久的关键因素，让客户满意，让员工满意。如果说事情做得不好不坏，满意度就为 0，如果事情做不如不做，满意度就为-1，如果事情做得特别满意，即为感动，则满意度为 1。

让我们再来看下面这个故事。

中国台湾一个老板需要做强做大北京分公司，买下了一栋楼，如何装修成为他的头等大事，找哪个装修公司装修是件让人头疼的事情，这个台湾老板让北京分公司的负责人寻找几家可以做 5000 万元规模装修的装修公司来参考，但是北京分公司的负责人由于之前很少与装修公司打交道，所以安排了曾经给自己家做过装修的小王，让小王领着台湾老板去联系比较合适的大型装修公司。过了一阵，台湾老板来到了北京，小王开着面包车带着台湾老板用 5 天的时间与 5 家装修公司交流了方案，虽然各有特色，但一下子可以让台湾老板立即拍板决定的却没有，台湾老板只好带着些许遗憾准备回台湾之后再定。

之后，小王送台湾老板回到了机场，当走到登机口的时候，小王与台湾老板告别，台湾老板

每次回头都看到小王在挥手，老板回了5次头，看到小王挥了5次手。然后老板思考了片刻掏出了手机给北京分公司的负责人打了电话："好吧，装修的事情找谁都是找，就找小王吧，人不错，估计活儿也不错"。就这样小王得到了5000万元的装修生意。

很明显，台湾老板被小王感动了。问题是：小王只挥了5次手吗？装修最后选择小王只是因为他挥手吗？与小王相处的这5天里，到底是什么感动了台湾老板呢？

这就是"5次挥手5000万"的故事。也许小王一直在挥手，如果台湾老板回了10次头，可能会看到小王挥了10次手。也许在小王和台湾老板相处的这5天里，每一个细节，每一次交流都让客户留下了信任和肯定。小王，当然，也许是很幸运的。但无论如何，可以肯定一点，小王做到了让客户感动！

感动就是把事情做到极致。

在做生意的时候，创业者是很难把握所有的客户风格和偏好的，唯一的方法就是以不变应万变，把事情做到极致。

创业箴言

在做生意的时候，创业者是很难把握所有的客户风格和偏好的，唯一的方法就是以不变应万变，把事情做到极致。

责、权、利不明是企业走向慢性自杀的普遍因素

在创业的时候，出现投资人和管理人的角色不分，导致投资人做管理做得不好时出现纷争，甚至企业解体的情况时有发生。投资人要求的是投资回报，管理人需要做好业绩分成，即使是员工入股，创业者也要把员工的业绩奖惩部分和投资分红分开。

有一家医疗企业，某投资人本来是企业第二大股东，由于创业者留学深造三年，这个投资人做成了临时的全职管理者，这从根本上与实际控制和管理人不是同一个人造成的一系列后果如出一辙，过了一段时间企业经营不善，创业者又难批评这个代管人，因为代管人也是投资人，更是大股东。但是如果继续出现问题，这个投资人更会有很多埋怨，因为他的投资处于越来越亏损状态。

为了避免出现更加恶化的问题，创始人及时回国重操大盘，投资人又回到了只做投资人的角色。在这种格局下，即使出现企业经营的问题，责、权、利很清晰，创始人都是那个最终承担责任的人。

责、权、利不明是很多企业走向慢性自杀的普遍因素。这也印证了为什么说，一家企业的股东结构其实从根本上已经预示了企业能走多远！

创业箴言

一家企业的股东结构其实从根本上已经预示了企业能走多远！

什么样的人更吸引投资人

在创业投资、股权投资行业说到投资经验，经常被提及的就是“投资投人”，到底如何“投资投人”？“这个世界上根本没有完美的人，更没有完美的企业家，除了优秀人才的基本素质，能吸引资本的创业者一定要具备以下几个核心点。

人们经常说，人品是投资注重的第一要素，人品不行，企业整体就不行。但关于人品，很复杂且难以判断，而且关于人品往往是仁者见仁、智者见智。就投资而言，可以从两个方面解读。

一是诚信。承诺之后加以兑现就实现了诚信。朋友投资一家企业，企业未完成业绩目标，审计报告出来时企业家主动打电话表示抱歉，对企业估值太高未完成业绩目标表示惭愧，并且告知投资人会按照对赌协议对投资人补偿现金，之后企业财务总监立即办理了现金补偿。企业家承诺补偿现金是非常简单的，但真正做到却不容易。不管是宏观经济影响还是行业、企业自身的问题造成的业绩承诺目标未达承诺，企业家能够主动兑现，才真正体现了企业家的诚信和人品。如果这样的企业再进行下一轮增资，投资人对人品这方面的疑问应该不会太大。

二是厚道。厚道是一个中国式词语，中国企业家的厚道会很有一些特色。中国的企业家中有信仰的较多，创业者若有一些信仰，做事则会更加虔诚、执着，对周围的朋友、合作伙伴、员工也会更加和善。一些为公司发展作出过贡献的人或事，这些厚道的企业家往往记在心里，对朋友的帮助会记得回报，懂得感恩。做事大气、包容的企业家，更容易把企业做大，更容易“得道多助”。

最重要的能力就是商业能力，也就是赚钱能力。赚钱能力如何体现呢？

已上市的华谊兄弟（300027）创始人王中军之前不是艺术家亦不是导演或制片人，而是做广告的商人。创业者若是商人出身，企业成功的可能性相对技术出身的人大一些，毕竟放眼望去，中国上市的几个著名影视企业的创业者中几乎看不到人们熟知的导演或者制片人的身影。企业一般拥有两种类型的创业者：研发出身和市场出身。市场出身的创业者尤其能体现赚钱能力。

汉王科技（002362）的创始团队是做研发出身，企业主要做电纸书产品。随着 iPad、平板电脑等高科技产品出现产生的竞争致使其公司上市之后业绩一落千丈。最近汉王科技从盈利到亏损，与几年前汉王刚上市的来势汹汹形成鲜明对比。纯粹研发型的企业，做生意的原则往往不是"市场需要什么卖什么"，而是"研究出什么新的东西卖什么"，企业的研发跟不上市场的变化。正是由于有太多的创始人是纯粹的研究型学者，在市场对产品产生"抵制"时未能及时调整状态迎合市场，研究型领导当家的企业，想转型又十分不易，结果就是企业仅仅围绕产品的生命周期在运转。

管理能力是关系到企业能不能做大的重要因素。创业者应掌握合适的尺度，在对公司的管理上，千万少"管"多"理"。企业小的时候不要过多管理，重中之重还是在于市场。不少企业家上了很多所谓的"总裁班"学习管理后，茅塞顿开，大刀阔斧地拿自己的企业来试验和应用，结果管死、管散了一批企业。

善于沟通的人，"搞定"人或者事情的能力比较强。通讯行业、文化企业、高科技行业、地产企业的发展少不了政府的支持，也就避免不了跟政府的交流，包括与政府的政策、税收、土地资源等方面的沟通环节。企业常与政府沟通，政府才知道你需要什么。这就需要企业有很好的沟通能力。跟投资机构或者股东沟通也是一样，和股东的沟通技巧和方法需要企业家的历练。

不出事你好我好，出了事情才能看出创业者和股东、团队、客户、政府等真正的沟通水平。

"驾驭资金的能力"是未吸收过投资的创业者最薄弱的地方，当大量的现金投进公司，而创业者从未管理过如此之多的现金时，创业者很容易会在如何驾驭和管理好资金的问题上交一些学费。很多创业者为了实现和投资机构的对

创业箴言

市场出身的创业者尤其能体现赚钱能力。

善于沟通的人，"搞定"人或事的能力比较强。

赌，为了避免资金空留在账上，会选择极力出钱扩张、出钱挖人才、出钱投产品、出钱并公司、出钱做广告，可是如果没有留好一定的风险准备金或者把握好使用资金的节奏，很容易导致现金吃紧、存货过多等，事倍功半甚至出现企业危机。

从 2012 年开始，尤其是在 2013 年、2014 年，很多创业者谈及最多的两个字就是“转型”，为什么转型？什么是转型？到底如何转型？其实，转型的实质就是“创新”。创业者的创新能力越来越受到重视，因为中国的各行各业竞争白热化，企业没有创新、不能及时转型，就会死掉。

投资人一直希望所投资的创业者悟性高、有责任感、勤奋、肯吃苦、能坚持、乐观、执行力强，但是，环境在变化，人在变化，世界在变化，其实，“人往往是最不可信的”，同时“人往往又是最可信的”，作为投资人，或者作为将要并购他人的创业者，如果依旧相信创业和做实业的这群人，也至少需要具备一点，就是要“信”一些东西，“信”一些人。

创业中的“悟”

谈到“悟”，说到“悟性”，人和人的差别非常大。

悟性高的有时会被比喻成天才，什么是天才呢？每个人从小学开始的教材里都是这样描述的“爱迪生说：天才就是1%的灵感加上99%的汗水”。但其实往往都漏掉后面那关键的一句话：“但那1%的灵感是最重要的，甚至比那99%的汗水都要重要”。

可以看到，没有后面的这句话，全句的意义就完全改变了！我们身边还有多少这样的断章取义呢？

悟，更多情况下是一个国学的词汇，醒悟，觉悟。

刘德华作为一个成功的娱乐明星，在其单曲《悟》中写道“无量心，生福报，无极限；无极限，生息息，爱相连……多一物却添了太多危险；少一物贪嗔痴会少一点。

“悟”字左边是个“心”，右边是个“五”和一个“口”，如果从商业的角度解释，就是先交心成为朋友后，再张嘴求人！

虽然说起来简单，但其中的学问却很大。真的做到先交朋友，再张嘴求人并不容易。在这个浮躁的社会，人和人的交流很多时候是单刀直入，要么合作，要么不要浪费时间，有机会再谈。

先交朋友体现在顺势而为地为周围的伙伴介绍资源和提供帮助，在这个过

创业箴言

1%的灵感是最重要的，甚至比那99%的汗水都要重要。

“悟”字左边是个“心”，右边是个“五”和一个“口”，如果从商业的角度解释，就是先交心成为朋友后，再张嘴求人！

程中成为很好的朋友，达到相互信任。

投资见人性，一个创业者生活中表现出来的“人性”尤为重要。投资人尊敬把脸看得比钱还重要的创业者，这就是常言说的“厚道”。厚道是更具中国特色的诚信品质，用厚道来形容中国人比“诚信”更接地气。

什么是厚道呢？厚道的人就是这次生意没有做成，但之后有事情、有契机还会想着你。史玉柱和 E 人 E 本的杜国楹就是这样的人。即使沦落为亿万“负”翁，经营状况好转后，他也早晚会把钱还给你。

当然，厚道的前提是企业的经营水平。在寻找投资项目的时候，投资人对公司的财务状况是非常挑剔的。财务对一个公司的重要性，可以理解为“一白遮百丑”。所谓细节决定成败，一个聪明的创业者会找一个很厉害的 CFO，这是创业者会用人的考验点，也是判断一家企业的关键。

一个好的企业家，管理能力也至关重要。企业家要做的事情就是把人选好，把利益关系分配好，这两点是最主要的。创业者能力强的话，就会在每个位置安排一个合适的人去做，财务、销售、市场会各选择一个强的人负责；而很多管理能力不强的创业者，什么事情都自己做，结果就是一只老鹰带着一群小鸡跑，这样的企业是很难做大的

此外，创业者的风格直接影响企业的命运，例如王长田与王中军，前者比较谨慎，谨慎到上市前企业一个机构投资人都没有，并购也基本都只是参股而非控股，谨慎的好处就是一旦遇到一些极端情况，企业起码不会乱；而王中军沟通能力比较强，华谊兄弟并购比较活跃，主要就是他本人不断居安思危，一旦并购都是大手笔，但是，即使他是几百亿市值的集团企业家，并购谈判也是亲自和被并购的企业家谈。对于民营的轻资产企业，创业者的能力占公司能力的 90%以上。这是两种完全不同风格的创业者，当然各有利弊。

不仅投资人“看人”、“挑人”，创业者也需要挑剔投资人，投资人和创业者其实是互相挑剔的，要用好股东，为企业的管理提出建议和引进金融资源，同时为企业引进新的股东。不是任何人都能成为你的股东，如果股东没选好，很有可能一个股东会坏了一锅清汤。在参加了无数企业的股东会和董事会后，我们会对什么时候开股东大会更利于气氛和谐等技巧有所总结，同时在各股东

之间起到沟通的纽带作用。

选择股东也是需要策略的，要选择有梦想的股东，创业者最需要的股东是愿与企业共同成长、以用自己的资本能力塑造出更多的优秀企业为梦想的股东。

从融资的角度说，投资人需要的是信任。创业者为了融资去特意接触投资人，往往会由于缺乏相信和交心的过程，使投资无疾而终。尤其对于天使投资，大多数时候是对创业者的人品、能力的综合考量，外加感情的因素，最终一簇而就。

从团队组建的角度，让身边朋友加入会比所谓的招聘或空降有效得多，对于高管的招聘更是如此。猎头更多地是针对大公司或者是极高端的人才，对于初期的创业者而言，还是找些性价比高的人比较接地气。

从客户的角度来看，尤其是对于 B2B 类型的公司，也往往在是双方的高管磨合后或成为朋友后，更容易切入实质的合作。

“悟”对于一个创业者来说太重要了。很多创业者的悟性可能还没有被激发出来，不过，从商业角度出发，关于这个“悟”，是需要好好体会和实践的。

创业箴言

选择股东也是需要策略的，要选择有梦想的股东，创业者最需要的股东是愿与企业共同成长、以用自己的资本能力塑造出更多的优秀企业为梦想的股东。

第 6 章
chapter 6

创业之路

创业是一场生命的马拉松，这辈子非得干一回，才叫青春无悔……海涛的这本书，接地气，说直话，有趣儿、有情怀，创业路上的童鞋们都来关注点赞下单！

——著名天使投资人、起点创投创始合伙人　查立

精准签约莫言，帮助“能人”成为“伟人”是创业者的大智慧

华媒控股（000607）2015年6月30日发布公告，公司出资10,752万元收购精典博维35%股权。或许大多数人对精典博维并不熟悉，但对它签约的莫言这等“大咖”一定不会陌生。

2012年12月10日，在斯德哥尔摩音乐厅前，夜幕已经早早降临。厅外寒风习习，世界各国人民簇拥在这里。中国留学生们头缠白毛巾齐唱“妹妹你大胆地往前走”，粗犷豪放的歌声在白雪纷扬中远远传开，一直唱到莫言步入颁奖殿堂，久久不息。这一刻是属于中国人的，莫言成为第一个获得诺贝尔文学奖的中国人……其实，陪着莫言去瑞典领奖的还有一个人，他是莫言的出版人，也是北京精典博维文化发展有限公司的创始人陈黎明。

莫言获得诺贝尔文学奖后，公众关注的焦点迅速从谈论作品内容转移到：谁是此次莫言获奖的最大受益者？而更成为“不解之谜”的是北京精典博维文化发展有限公司签下莫言所有作品版权的时间只比莫言获得诺奖早了5个月。磨铁图书公司的总裁沈浩波为此特意发微博@精典博维陈黎明：“你们是2012年运气最好的出版商。馋死我了。”

文化艺术发展的背后，总是有幕后推手的身影。一夜之间，莫言家喻户晓，但其背后的推手，其心酸、其苦恼、其奋斗、其拥有，又是怎样的呢？

一家小型的民营出版公司——精典博维，当时注册资本不过200多万元，却在获奖前的5个月，“精准”签约莫言，将其所有作品版权收入囊中，最终赚得盆满钵满。2012年5月，精典博维签下莫言未来三年里所有作品的版权，包括作品的影视改编、书法作品等各项版权，并帮助其做了很多维权工作。按照

精典博维的估算，即将出版全套 20 部作品的《莫言文集》，定价 700 多元，按照准备印刷 100 万册计算，《莫言文集》就值 7 亿多。

就当瑞典文学院宣布，莫言获得 2012 年度诺贝尔文学奖的当天，19 家投资机构找上门，想要投资精典博维……

对于做投资来说，感恩和互助非常重要。2011 年众多投资机构共同向大唐辉煌传媒股份有限公司增资 2236.21 万元。其中一位来自江浙地区的股东是我帮忙引入的。当时这位股东表示："我将来一定回报给你一个好的项目。"

2012 年 6 月，在这位股东的介绍下，我接触到精典博维这个项目，这笔投资也成为我投资历程中较为意外的一单。在 2012 年 9 月，也就是莫言获奖前不到一个月，我召集了一些情投意合的投资人，入股了精典博维的 A 轮融资。

然而，故事并没有这么简单。还记得投资精典博维之前，我带了另外一个投资人共同考察，那个投资人没投，只说了一句，好像老板有点"装"，太有"范儿"，企业不至于这么牛吧。为了调查个究竟，我找了出版圈里的朋友、精典博维的"关联人"，制造各种机会与其深入接触，之后反倒更加确定了我之前对"快热"型和"慢热"型的两种创业者的认知：那些一开始就热情如火的创业者，冷起来或者变起脸来也足够是"冰与火的青春"，反倒这种对自己能力和企业有足够自信的慢热型的老板，找到与自己情投意合的朋友后会更加以诚相待、推心置腹。后来有一次为了确定公司的资本战略，陈老板刚下飞机后可以半夜打电话来到宾馆和我们促膝相谈……

陈黎明，何许人也？陈黎明在人民大学读大三的时候就开始参与一些图书的策划工作。他跟着师兄参与策划的第一本畅销书是《清华园的创业启蒙》，有几十万册的销量。这些经历激励着他在以后终于走上图书策划与出版的创业道路。2008、2009 年，精典博维花了将近 1000 万元收购了贝塔斯曼在中国的出版业务与资产。

作为投资人眼中的创业者，江浙风格的商人是非常受欢迎的，他们"舍得"、"和气"、"共赢"、"低调"、"敢闯"。陈黎明就是浙商中的典型代表。越来越多的研究者认同这样一个观点：位于中国东南沿海的浙江商人是当今中国最具活力、也是最会赚钱的人群。零点调查公司不久前在北京地区进行的一项企业界人士调查结果显示，浙江商人是北京市场上的超级活跃群体，仅次于广东商人。作为创业者，陈黎明的商业定位是睿智的，出版行业有各种业态，而陈黎明只选择“畅销书”品类，而书是否能够畅销，更取决于他综合的判断能力和推广能力。

精典博维已经成立多年，定位于作家畅销书，这和其他出版公司主要做教科书、专业书等不同，并有作家经纪、网上销售等出版产业链业务。同时，公司和《北京旅游》杂志合作，北京四星级以上酒店都有强制订阅，有很大发展空间。其实公司整体实力并不像最初以为的，仅仅是一家小型个体工商户。

目前，精典博维已签约大江健三郎、莫言两位诺贝尔文学奖获得者，以及阎连科、麦家、安妮宝贝、海岩、饶雪漫、沧月等50多位作家，公司将在出版传媒、旅游传媒、名家经纪、文化物流四项业务上集团化发展。

作家经纪和演员经纪业务略有不同。演员可以各种炒作，加之被放大了，而很多作家的性格决定了不会配合外围炒作，也很少被资本挖掘，估值比较低。同时，作家有字画、影视版权等诸多衍生业务，可以进一步挖掘。在国外，作家经纪人模式已较成熟，出版社多与经纪人接触，不过尚未有较大的作家专业经纪人公司出现，而国内目前专注作家经纪业务的公司很少，将来这部分绝对是资本的热衷点。

作家性格迥异，有些比较内向，有些比较傲气，这需要创业者有很强的沟通、磨合能力，特别是与他们能进行思想上的交流。陈黎明在莫言获得诺贝尔文学奖的过程中积极推动，以帮助能人成为伟人为己任。同时，公司核心高管、从贝塔斯曼出来的史翔擅长网上推广宣传，两人很好地配合，让精典博维的发展势如破竹。

但其实以上这些并不能最终打动我投资，还是缺那么一点点，由于是A轮投资，心里依然打鼓。除了抱团投资，我还喜欢与银行合作“投贷联动”，和银行的朋友一起看项目，在VC对企业进行股权投资时，银行配套提供贷款，当然如果银行可以在投资前就贷款，那更求之不得。2012年8月，杭州银行经过

创业箴言

作为一个创业者，可以领悟到“帮助能人成为伟人”，才可以依靠伟人的肩膀，这才是大智慧。

尽职调查后，给精典博维成功授信并打款，其中包括部分信用贷款。在最终确认银行的信贷已经全额到账后，也最终坚定了我对精典博维的投资。

逐渐，陈黎明也成了资本运作的高手，精典博维一年多前投资的汇智光华已经在 2014 年末登陆新三板，这个机场畅销书的高大上的销售渠道成为精典博维这个民营出版商的有利“生态武器”。

如今精典博维已经走在了与上市公司华媒控股的股权及业务整合、共同打造文化生态圈的道路上，投资人和精典博维很清楚，不管时代如何发展，好的 IP 才是核心竞争力。

作为一个创业者，可以领悟到“帮助能人成为伟人”，才可以依靠伟人的肩膀，这才是大智慧。

软件行业怎么干才稳健

对于软件行业，大家耳熟能详的口头禅就是“北用友，南金蝶”，很多人对“东华软件”的名字还很陌生，但其实，这是一个上市 8 年、一直保持每年至少 30%增长的企业。

A 股上司公司东华软件（002065）董事长薛向东是在投资圈里，让很多投资机构、投资人佩服的创业者之一。他下海之前在机械部工作时，就接触过很多国外的公司，看到他们是怎么运作的，而这其中最重要的经验总结就是技术和市场的关系。他知道完全技术型的人才很容易固执，不太灵活，要想做个企业，最主要的就是产业化和市场化。而在那个年代，市场敏感度是考验创业者的关键。

薛向东的成功其实并不复杂：化繁为简，按照基本的想法、简单的思路执行着，并且抵制所有自己不懂不熟悉的东西。

专业、专注，观察商机，看看现有的技术存在哪些不足，然后去琢磨，反复研究现有的类似的公司，分析其优势和劣势，把自己所在的行业和领域琢磨透……这些思路看着都很容易，但是最重要的是：他能做到！

诚信，基本上是每个创业者都会提到的话题。诚信，是薛向东一直倡导的。他首先把“诚信”放到了公司的名字里，即东华诚信电脑科技发展有限公司。1992 年，刚刚下海的薛向东，想法很简单，就是依靠十几年积累下来的经验和客户，只要把这个经营好，创业应该会水到渠成。

俗话说“总在江湖漂，谁能不挨刀”，相信大部分人见过太多的“背信弃义”、“表里不一”，尤其是在分配利益的时候，之前的承诺会与最终的兑现大相径庭。而各种“条件的变化”、“公司的困难”、“相互的理解”就会形成很好的利益不兑现的借口。作为创业者，在利益兑现的时候才真正鉴证其诚信和胸怀的伟大与否。而薛向东是充满大智慧的，他知道，在条件变化或者发生各种困难的时候才最考验创业者的诚信。

薛向东强调，答应客户的事一定要办到，对员工的事答应的一定要办到，如果说条件变化了你把承诺降低了，你的诚信就会打一定折扣，如果说虽然外界条件变化了，但是你能做得更好，员工也好、客户也好、合作伙伴也好，就能和创业者形成长期的信任关系。

诚信的最根本，是从心里塑造一种信念、一种责任。无论是对员工、对客户、对股东，薛向东一直用责任去要求自己。在 2006 年，东华软件上市敲钟的那一刻，薛向东强调："以前我要对客户负责，对合作伙伴负责，对员工负责，从现在开始，我还要对信任我的股东负责"。

做企业，还是那句话，死掉的大部分都是因为现金流问题，而薛向东对现金流的警惕性非常高，这是企业可以稳健发展的重中之重。薛向东把现金流比作血液，血液断了，就什么都没有了。

到底如何保证现金流的稳定呢？这一点创业者需要向薛向东学习。抵制土地的诱惑、保持轻资产的运营是轻资产的创业企业需要清醒认识到的。即使一些地方政府游说其买房买地，构建产业园，薛向东一直不愿沉淀在这些固定资产上。

而保持现金流的第二点，就是警惕新项目和扩张，每一次新项目和扩张，薛向东都能考虑自己的承受力，进而先想到最坏的结果，不少人在投入时，第一想到的是能赚多少钱，而薛向东想到的是如果亏了怎么办，最坏的结果能否影响公司的"血液"。这种思想一直让薛向东的公司稳健经营。

从某种程度上来说，不仅发展是硬道理，稳健也是硬道理！

十亿市值靠业务，百亿市值靠并购，千亿市值靠核爆业务加并购。薛向东不仅是个实业高手，同时也是一个并购高手。东华软件基本上每年都会有一些收购标的，其实对于收购，最难的是企业之间的融合，而就是因为薛向东的化繁而简的思路，让企业并购融合也变得很简单。薛向东知道人才是企业的关键，

创业箴言

从某种程度上来说，不仅发展是硬道理，稳健也是硬道理！

对于软件企业而言更是如此，因此无论并购哪一家公司，除了增派一些财务员工，原来的被收购企业的团队成员不变。

过度地使用“资本”很容易让创业者更加浮躁，能以清醒的思路，在实业和资本之间实现充分的融合和平衡，才是一个“靠谱”的创业者。在这一点上，重视资本、重视并购的薛向东一直坚持的原则是要求并购标的保持三个协同：第一个叫技术协同，并购方与被并购方之间的技术或者产品或者解决方案有相通之处，这样两家合并之后能研究出更好的解决方案；第二个协同就是服务体系的协同，利用上市公司相对较大的服务平台，在服务上能融合，能提供更好、更及时的服务；第三个是销售的协同，像上市公司拥有的大大小小的各类客户，与要并购的企业的产品技术、产品解决方案、服务体系能到大平台上卖，这样被并购方的业绩很容易可以保证增长，这样整体上被并购方的成就感也加强了。

薛向东是非常“善解人意”的，并购的时候绝对不会谈“并购”，而是“合并”，他表达的时候，会充分考虑到对方的心理。对于被并购方，并购总是有种卖企业的感觉，而合并，是自然而然的平等状态下的合作。其实，管理做得好的人，心理学的功底都不差，他们往往可以设身处地地站在对方的角度考虑问题。

作为一个创业者，作为一个成功的创业者，作为一个胡润排行榜屈指可数的几百亿身家的创业者，薛向东是低调的。每次开完会，看到薛向东还是坐着那辆奥迪 A6 奔波下一个应酬时，我总是对薛向东的低调折服。

薛向东是一个很细心且做事情讲究良好习惯的创业者，每次开会一定会聆听每一个人的讲话，并且都会在自己的本子上记下重点，因为他知道，每一个被忽略的细节都有可能成为公司发展的绊脚石，每一个较晚的醒悟都会对企业的经营造成不小的损失。

企业如果要稳健，低调和一个良好的心态往往是一个无形的助力。

创业箴言

管理做得好的人，心理学的功底都不差，他们往往可以设身处地地站在对方的角度考虑问题。每一个被忽略的细节都有可能成为公司发展的绊脚石，每一个较晚的醒悟都会对企业的经营造成不小的损失。

传统咖啡+创业平台+创业服务=？

一家以创业和投资为主题的咖啡厅，创业者只需每人每天点一杯咖啡就可以在这里享用一天的免费开放式办公环境，这就是北京创业之路咖啡有限公司（车库咖啡），她曾获中关村“创新型孵化器”资质、中关村十大新锐品牌第一名等荣誉称号。

谈到车库咖啡，一定离不开她的创业者——苏菂，这位创业者的最大心理特点就是“不安分守己”，从小就愿意折腾点事，愿意张罗一些活动。

苏菂，1979 年出生，北京创业之路咖啡有限公司（即车库咖啡）创始人。苏菂创立北京创业之路咖啡有限公司，专注于创业服务，集聚各类创业群体和资源，利用车库咖啡开放办公空间孵化早期创业项目团队，采取实体+虚拟+流动三种孵化模式，打造早期创业平台。目前车库咖啡企业会员共 400 多家，项目方向涉及电商、社交、游戏、本地服务等多个领域，已有 10 家获得融资、10 家进行团队融合、50 家产品上线。他立足于一个民营微小企业能做的有关创业服务的所有，引起了包括中央电视台、BBC、华盛顿邮报、经济学人等国内外 300 多家媒体的关注，为优化草根创业环境作出了积极贡献。

苏菂，这位夹杂在 70 后和 80 后之间的创业者，很能体会 70 后和 80 后的想法，帮助创业者创业成为苏菂自己的创业梦想。其实，创业者的敏锐性和适合自己的定位是创业的最关键一步。

其实，有一种创业本身就不是赚大钱的，但是这种创业是可以实现梦想的，这种创业是可以实现人生价值的，这种创业是可以极大满足自身成就感的，这就是苏菂和车库咖啡。

苏菂上大学的时候就在西单卖过电脑，一直热爱 IT 的他大学毕业后，一直做着 IT 的事情。苏菂之前任职纳斯达克上市公司（ChinaCache）蓝汛的销售主管，销售业绩一直做得很好，而销售做得好的人一般都善于交际，苏菂就是这样一个愿意交朋友的人。之后他任职投资总监，负责集团的投资事务。由于苏药之前的销售经历，他的很多客户都是资本市场的高手，这也为他做创业咖啡聚集了很多人脉。

苏药是个有想法的人，还记得我和苏药一起在中关村边吃烤串边研究推出有关创业故事的微电影的时候，苏药有意识地结交一些影视出版方面的朋友，因为他知道中国的创业浪潮才刚刚开始，很多孵化中的明星企业是非常具有挖掘性的，苏药正是看到了创业大浪刚刚掀起的关键时机，做好各种准备支持创业、打造创业。

苏药是一个很敏锐的人，最早苏药是一个特别能攒事儿的人。苏药知道我投资了一些教育培训公司后，特意把他做美术培训的朋友于萍老师推荐给我，就在车库咖啡，我和我的几个朋友——时任海淀金融办的王鹏副主任，我投资的教育培训公司的几个老总，以及苏药及苏药的好朋友于萍老师畅谈了一下午，终于双方达成了合作，几方共同推出了少儿美术培训课堂。

很多事情，帮朋友就是帮自己，苏药给朋友们提供平台，其实也是在给自己提供舞台，为创业者提供平台，自己就成了成功的创业者。

其实这更需要的是一种开放的胸怀，生意伙伴们就是这样，每次大家在一起相聚，更希望其中融合一些新的朋友、新的资源，这种新的资源更容易形成大家相聚的动力。

中国最大的映前广告商央视三维的创始人、也是中国影视第一人张庆永和我说过的一句话是："二八原则"应用得非常广泛，每个人的朋友都有很多好久不见的朋友，举个例子说有 80%这类好久不见的，而平时经常往来的可能是 20%，如果没有特意的活动、商业的往来，这 80%的朋友往往是沉寂的，沉寂起来又是可惜的。所以通过一些圈子或者一些朋友之间商业的撮合，能让自己好久不见的朋友的这个群体被激活，虽然对自己没有直接的利益，但是很多商业的合作都是潜移默化的。

创业箴言

很多事情，帮朋友就是帮自己。

给朋友们提供平台，其实也是在给自己提供舞台，为创业者提供平台，自己就成了成功的创业者。

抓住健康就抓住了永远的朝阳行业

随着慈铭体检上市申请通过发审核会的消息，这家成立 10 年多、关注健康的公司成为万众瞩目的焦点。只要去慈铭体检过的人都知道，韩小红博士是慈铭的明星，是公司的健康形象，美丽，健康，阳光，是地地道道的女强人。这么多年来，我与董事长，也是韩小红博士丈夫胡波的交往，更让我相信，一家企业的成功需要的不仅是韩博士一样的专业和技术，更需要像胡波一样的海纳百川！

胡波具备明显的东北爷们儿的特点——实在，每次聊天都会摊开心扉，单刀直入，绝不掖着藏着。胡波的东北腔特别浓厚，因为其老大哥的气质和讲话亲切的风格，周围的年轻朋友基本用胡哥来代替对胡博士的称呼。

创业是艰难的，对任何人都是如此。十几年前，胡波在潘家园经营中医诊所，但是那个时候民营的医疗机构和公立的相比，缺乏太多的信任和人气，在中医诊所遍地的年代，中医诊所很难做大。胡波告诉我，是韩博士从德国带来了最重要的理念——防病比治病更重要。

这种理念在那个时候还不被认可，但是拥有国际领先的健康观念，胡波仿佛看到了自己的发展方向，就这样开干了！

看一下下面的这个故事。

魏文王问扁鹊曰："子昆弟三人其孰最善为医？"扁鹊曰："长兄最善，中兄次之，扁鹊最为下。"魏文侯曰："可得闻邪？"扁鹊曰："长兄於病视神，未有形而除之，故名不出於家。中兄治病，其在毫毛，故名不出於闾。若扁鹊者，镵血脉，投毒药，副肌肤，闲而名出闻於诸侯。"

扁鹊是尽人皆知的神医，但很多人并不知道扁鹊的两个哥哥也颇懂医理。一天，魏文王问扁鹊："你们家兄弟三人，都精于医术，到底哪一位最好呢？"

扁鹊答："我的大哥医术最好，二哥次之，我最差。"文王再问："那么为什么你最出名呢？"

扁鹊答道："我大哥治病，是治病于病情发作之前的时候，由于一般人不知道他能事先铲除病因，反而觉得他的治疗没什么明显的效果，所以他的名气无法传出去，只有我们家的人才知道。我二哥治病，是治病于病情初起的时候，看上去以为他只能治轻微的小病，所以他的名气只能在我们乡里流传。而我扁鹊治病，是治病于病情已经严重的时候。一般人看到我在经脉上穿针放血，在皮肤上敷药，用麻药让人昏迷，做的都是些不可思议的大手术，自然以为我的医术高明，因此名气响遍全国，远远大于我的两位哥哥。"文王叹道："你说得好极了。"

事后治疗不如事中控制，事中控制不如事前预防，可惜很多人均未能体认到这一点，等到错误的决策造成了重大的损失才寻求弥补，有时为时已晚。而对于治病更是如此，相对于医生或者医院，健康体检和健康管理更注重关口的前移，就是预防养护至上。胡波说，"治未病"是慈铭创立伊始就确定下的追求目标。它包括了这些含义：首先是通过体检让大众保持健康状态，少去医院；其次，健康和观念转变教育必不可少；再有就是把服务理念引进医疗领域。

胡波正是抓住这一观念，凑了一些钱，全力一搏。他只揣了十几万块钱，就开始了自己的创业之路。就在胡波的潘家园中医诊所的旁边，租了个1500平方米的场地，创办了慈铭的前身"慈济健康体检机构"。

"敢干"是创业者创业的必备基础，但是敢干之后更需要"会干"。做企业太不容易，更何况是在开创一个新的行业。

2003年，慈铭体检在北京发起了一场万名的士司机免费体检活动。也正是那一场活动，让北京的普通民众见识了一种和以往在医院里完全不同的体检方式。男女独立的检查区域、全程引导服务、体检后甚至还有免费早餐。通过不断的公益活动、体验意识的宣传，慈铭营造了良好的口碑效应，口碑效应又为慈铭攻下团体客户帮了忙，当大型外企、有社会影响力的大单切入后，慈铭终于打破了一直挣扎的状态。

胡波是一个一直忙于交朋友的人，这对于企业进行开创市场、资本融资、收购并购、挖掘人才、战略合作等太重要了。不少认识慈铭体检的大客户都是

创业箴言

忙于交朋友的人，对于企业进行开创市场、资本融资、收购并购、挖掘人才、战略合作等太重要了。

从认识胡波开始的。

胡波的人脉能力为其带来了其最重要的一次合作，慈铭体检最早引入了知名的鼎晖投资，这也是鼎晖在国内投资的第一个医务类项目。在 10 年的成长期中，鼎晖投资旗下机构曾多次参与股权认购，目前合计持股达 34.01%。

逐渐发展壮大的需要使得品牌话运营的要求越来越强烈，而由于与台湾“慈济基金会”重名，出于品牌及商标保护等因素，胡波很快将“慈济”更名为“慈铭”，并调整了组织架构，建立慈铭集团。2007 年，慈铭体检开始集团化运作。而关于 A 股的上市，其中小板发行顺利过会也能看出资本对其的青睐。说实话，我周围不少的投资人朋友早已对慈铭体检的股票虎视眈眈，等着伺机投资，他们知道，无论从投人和投行业角度，这个股票肯定是牛股。

胡波就是一个专业医生的人脉聚集场，整体来看，医院和特色医疗需要依赖专家，但体检不同，不全靠专家，更注重团队的配合。为此，慈铭做的一件事是：建立一个专家咨询库，包括国内和国际的知名专家团队都在慈铭的人才库中。凡是顾客能点出名字的专家，慈铭都可以为客户联系预约。

胡波把每一次体检都视为一次很好的健康教育，教育好了以后才能挖掘更多的客户，同时做更细致的量化管理。胡波为企业品牌的高端形象塑造一直不遗余力，各种高端大气上档次的国际会议上都会看到胡波专业的演讲，胡波很聪明，他知道，健康是永远的朝阳行业，而体检的未来大有作为。

失败不可怕，关键要重生

提起E人E本，大家所知道的都是这个产品或者这个被清华同方收购的企业，但E人E本的创业者，杜国楹，这个低调的“史玉柱”人物，实在让人感叹。在和杜国楹交流产品之道时，他每时每刻谈的都是产品，而了解他的人都知道，早在十几年前，杜国楹就是地地道道的市场高手。

说杜国楹是低调的“史玉柱”其实一点不为过。之前谈到诚信的前提，我说过诚信的前提就是“一白遮百丑”，如果这个企业家没有能力诚信，所有关于人品上和道德上的诚信都是苍白无力的，而企业愿意坚守诚信的道德水准和人格高度又反作用于自己的诚信能力，所谓“态度决定一切”。杜国楹在做背背佳获得第一桶金拥有亿万身家的时候，由于投资失败，从亿万富翁变成了亿万“负”翁。

在杜国楹看来，第一次创业是因为不认可150块钱的工资，第二次创业是因为有几千万外债要还，这一次创办E人E本，是因为他想心无旁骛地专心做好产品。

杜国楹出生于河南省西华县，兄弟5人。从小学到初中，他的学习成绩一直名列前茅。1992年，师范毕业后，他在家乡教书。1994年7月，他辞职到郑州某家眼镜店，开始站柜台，两年后，他被派往天津负责一方事务。在那里，他首次利用电台广告，一举使天津市场的销售业绩跃居公司首位。

1998年，杜国楹用东拼西凑来的50万元组建天津一品公司，向市场推出背背佳矫姿带，并申请了专利。在电台打广告的成功经历和经验让他选择了产品的品牌加功能的卖点，并聘请当时最火的“青春美少女组合”做代言，以此来激发年轻人的热情，使背背佳在天津一炮而红，当年实现销售额3000万元，1998年销售额突破4.5亿元。1998年，杜国楹在25岁时成为亿万富翁，如果当时网络盛行且杜国楹足够高调的话，估计杜国楹一定是中央台财经频道的宠儿。

再一次提起这个背背佳牌子的矫姿带产品，估计 70 后，80 后，甚至一些 90 后，00 后都能耳熟能详，当初杜国楹不认可 150 元的工资，就像我和杜国楹见面时他经常提到的那样，“做我喜欢做的事情，过我喜欢过的生活状态”，而对于 20 多岁的杜国楹，创业就是一种生活状态，就是他喜欢过的生活。

教师出身的杜国楹，对于孩子和教育总是情有独钟，这也正是他的独有资源。杜国楹发现了家长对于孩子坐姿纠正的需求，他找到天津大学一位研究力学和远红外的教授开发了“背背佳”这个产品。通过大规模广告攻势，“背背佳”火遍中国。

一个创新的产品，加一个好的营销，使背背佳成了家喻户晓的品牌，乃至上学的孩子如果能带一个背背佳，那不仅是矫姿带，更多的是引领潮流。英雄是时代的产物，在那个特定的时代，背背佳的出现可谓顺势而为，而直到如今，京东、淘宝等网店的背背佳产品仍旧热卖。

背背佳的全新范本，让整个市场疯狂起来。由背背佳授权的代理商已经遍及全国，在这个过程中，除了研发团队，杜国楹已经搭建起了全国销售代理商的合作体系，而这一群由信任和时间锻造出来的全国代理商伙伴则是杜国楹在之后所有创业中密不可分的团队。

背背佳就像一个快消品，迅速做起品牌，迅速扑向市场，迅速占领高地，迅速成就事业，杜国楹也由此迈入了亿万富翁的行业，而这离他的每月 150 元的工资只有三年时间。

但是快消品就是快消品，由于产品生命周期的缘故，企业如果继续做下去，就一定要去转战别的产品。背背佳模式的成功很容易让创业者觉得无所不能，一个创新的产品再加上一个好的营销，就能快速成功，人们想不断复制这种模式。

但是接下来，矫姿带市场逐渐呈现的是整体萎缩。接下来两年半的时间里，杜国楹又投资了几个项目，每一次都是大手笔，花上千万元的代言费请当红明星，一出手就是几千万元的营销费用，但都没有达到预期的效果。

巨大成功之后的失败才是最痛苦的折磨，而人生就是这样富有戏剧性。到 2001 年，杜国楹已经赔光了第一次创业挣到的第一桶金，还背了几千万元的负债，彻底由亿万富翁变成了亿万“负”翁。他变卖了所有的家当，人员缩减到最少，只留下一辆宝马车，但是杜国楹从来没想要通过破产的方法把欠的账赖掉。在那几年，杜国楹手机24小时开机，目的就是告诉所有人，他还活着，一定会还钱。

谈到这里总觉得很像那句话，“成功的人都是很像的，而失败的人各有各的不幸”，杜国楹的经历与史玉柱非常类似，但不一样的是杜国楹相对低调太多，互联网上关于杜国楹的资料也大都是他做E人E本之后，而那些宣传也是杜国楹为了企业不得已做的“表面文章”。我和杜国楹在一起时，他一直提到的是，“我只想做完美的产品，别的精力真的不愿再花”。谈到这里，让我们不得不想到乐视网（300104）的贾跃亭，贾跃亭的专注和“低调”也是圈里出了名的，这样的创业者更让人由衷地佩服。

其实上面谈到的也是写这本《创业者》的目的之一，有太多低调的创业者，可能他们不像马云一样成为新闻里的宠儿，可能他们不像史玉柱一般传奇，但其实他们的事业和精神绝不亚于这些风云人物。

2002年，杜国楹领着一班人，万般无奈地从北京来到郑州。他们在经三路和农业路交叉口往北的一个居民小区内，靠做一个小项目维持生计。那时，杜国楹只能靠卖医疗器械赚点小钱，每个月赚5万、还5万，赚10万、还10万。杜国楹完全可以破产，也可以赖掉，但他不服气。即使在事业的最低谷，坚韧的杜国楹没有放弃，他还在寻找另一个能够让他东山再起的产品。

做小项目很辛苦，而且挣的都是小钱，两年之中只还了两三百万元的债。但即使是在这样的情况下，杜国楹的创业团队也没有一个人流失，大家都在等机会。谈到这里，从杜国楹的这段经历中仿佛看到了马云的影子，成功的人都是相似的……

其实联想和清华启迪在杜国楹准备做E人E本，而且刚刚只是有一个手模的时候就敢大胆投资，与杜国楹的这段失败经历太有关系，因为，在很多投资人的眼里，没有大的挫折和失败的创业者是相对不成熟的，因为，不经历大的失败就不会从多种角度看问题，而且投资人更不会从失败中更清楚地看到这个创业者的本性和品质。

如果上上下下都像杜国楹一样低调，估计酒香真的会怕巷子深了，E人E

创业箴言

有太多低调的创业者，可能他们不像马云一样成为新闻里的宠儿，可能他们不像史玉柱一般传奇，但其实他们的事业和精神绝不亚于这些风云人物。

本的成功是一个团队的成功。

蒋宇飞，这员和杜国楹一起拼搏的老将是典型的传媒高手，凭借其敏锐的市场洞察力让这个团队在正确的时点做了正确的产品，并开拓了一个产品的顶峰，这就是好记星。2003 年，“背背佳”集团副总蒋宇飞在打车从常州到南京的路上，听出租车司机说苏州某品牌的英语学习机卖得非常好，就马上让司机掉头，第一时间赶赴苏州。几天的蹲点考察后，营销嗅觉敏锐的蒋宇飞把一台产品带回北京，与杜国楹一起研究其市场机会。

就在那个时期，转机在无声无息中降临。杜国楹发现了好记星这个产品，当时团队认为查询只是手段，记忆才是本质目的，所以把辞典的概念再往后挖了挖，试想如果查字工具有二十亿的市场，那么记忆工具就有五十亿的市场。教师出身的杜国楹早就开始关注青少年英语教育市场了。在正式做好记星之前，团队已做了大量调研和其他准备工作。

这一次，杜国楹没有了大手笔的资本，他的公司账上的现金甚至没有 5 万元，只好找几个朋友凑了 50 万元。而且，经历过几次失败，让他的打法更加慎重，营销并没有像前几次那样全国范围去铺开，而是选择在山东进行小规模的尝试。其实这种心态才是成熟创业者经历风雨之后磨炼出来的。

2003 年 5 月，好记星产品正式上市，立刻配合广告宣传，销售情况非常理想。4 个月后，杜国楹已经还清了所有的负债。经历过那段时间高考或者中考的人们一定知道，在好记星之前，诺亚舟、文曲星、快译通三足鼎立的时代，就这样在好记星的狂轰烂炸中被好记星一统江山了。大山为好记星代言的广告成为那个年代挥之不去的记忆。

2004 年年初，杜国楹带着“好记星”、“背背佳”两个品牌入股橡果国际，成为橡果国际第三大股东。

杜国楹把大部分精力放在产品上，杜国楹很喜欢研究产品，他的最大爱好是逛商场，杜国楹在和我谈起美国的苹果品牌时，他认为苹果就是神，苹果追求完美的精神需要人们去学习。

好记星的成功让杜国楹进入了消费电子行业，超强的市场敏感度让杜国楹看到了其中更大的机遇，通过智能手写的商务 PAD，他试图抓住一群对 IT 极度感兴趣而又最不懂 IT 的消费者，用简单纯粹的产品帮他们解决需求，而这一市场在当时还是空白。

还记得 E 人 E 本的第一款产品发布时，居然比苹果 IPAD 全球首发时间还早三个月，现在回头看过去，做好自己是多么的重要！

作为一个创业者，杜国楹在经历过大起大落之后发现，过去的成功都是以低成本的模式去尝试，测试清楚后，在三个月之内用 50 倍的投资把它变成一个巨大的项目。而失败的那几次都是因为有了钱，所有的测试都不做了，全靠直觉，直到失败，才知道是错。

还依稀记得 2010 年刚接触到 E 人 E 本的产品的时候，感觉使用起来相对来说并不完美，那时市场的争议特别大，市场上的负面评价也不少，其实作为一个想要成功的创业者，一个想要做一些事情的企业，做得越多，错得越多，争议越多，但我一直相信的一点是，投资投人，作为创业者，杜国楹的市场能力和厚道绝对是投资人喜欢的。

但随着后来越来越多的接触，我发现杜国楹早已经不像传说的那样是个偏重市场的“打广告”的公司老板，而是一个地地道道的产品经理。每次到日本，杜国楹都是自己拎着包逛银座，一大早就拉着手推车，从地下一层一层逛到楼上，几个商场逛一天。在商场中，杜国楹沉迷并着眼于日本创新的产品太多，酱油、味精都有不同包装，不同形态，更激发了他自己创新产品的热情。

一次我看到杜国楹的办公室的摆设都是极其精致和简洁的物件，这使得我之前对杜国楹广告高手的印象一扫全无，从雕刻的器皿，到精致的音响，从艺术的装修，到柔和的灯光，如果不说这是某个创业者的办公室，估计大部分人会认为这是个艺术家的房间。

在和杜国楹探讨经营的时候，完全颠覆了之前对其过去的经典案例“好记星”、“背背佳”等销售为王的印象，因为关于 E 人 E 本，他从头到尾谈的都是产品，产品反倒是其天天反复琢磨的关键。其实这也是一种境界，真正销售能力超强的人，到最后都会回归本质和抓住客户，以市场为导向倒推产品的革命。

市场做到极致都是产品高手。谈到这里，感觉杜国楹不经意间有一种雷军的味道。

如何做个联合创业者？

赵新钦，原来是杜国楹和蒋宇飞的合作伙伴，因为合作建立的信任而走到一起，并出任 E 人 E 本在资本方面的最重要角色 CFO 及董事会秘书。因为我和赵新钦是北京大学经济学院的同学，所以对赵新钦的为人和风格是非常了解的。

赵新钦的儒士风格在狼性的团队中是一味非常重要的调和剂，对外的资本谈判、对内的财务把控、内外的战略执行都离不开赵新钦强大的融合能力。

赵新钦是个非常注重礼貌的创业者，每一次打电话和发短信都会问一句，“是否方便，不方便一会儿您忙完再说”，虽然是很简单的一句话，可这种基本的礼数又有多少创业者能够做到？

赵新钦虽然不是E人E本的一号人物，但是作为联合创始人，这样类型的创业者人数远远超过一把手，而联合创业者也有自己的规则，规则是所有游戏的根本。

作为联合创业者，需要独当一面，但同时，与团队的“共进退，同荣辱”并真正把企业看成是自己的企业才是最关键的。之前有天使投资人曾经说过，如果联合创业者以自己的薪水作为主要的收入来源，而不是公司的期权或者股票的话，那么这样的联合创业者是危险的。也有天使投资人曾经断言，没有联合创业者的公司是不能投资的，因为只有一个创业者的公司变数太大。

关于联合创业者，我们看到百合网的慕岩，万科的郁亮，华谊兄弟的王中磊，等等，每个联合创业者都有自己的玩法，而这种玩法里面却蕴含着哲学。

赵新钦的儒雅配上杜国楹的聪慧，加上蒋宇飞的敏锐，这才是E人E本不断前行的一手好牌。

创业箴言

市场做到极致都是产品高手。

如何让“互联网+”Duang得给力

以下是一个公司网站的寄语：

我们需要的不仅仅是婚姻，而是幸福的婚姻。认识一个人只要一小时，了解一个人却需要一个月、一年乃至一生。因此百合网提出了“心灵匹配，成就幸福婚姻”的理念，力图用现代心理学帮助单身人士选择合适的伴侣。希望我们能够一起创造一生的幸福！

“实名婚恋网的开创者”，每次听到这个广告都会想起百合网。看《非诚勿扰》节目的时候也都会时不时地响起百合网的声音。当然，这是个再简单不过的婚恋模式。

田范江，是一个典型的优秀工科男出身的创业者，成为百合网首席执行官和创始人之前在埃森哲担任咨询经理。在埃森哲工作期间，为多家全球500强企业提供过市场战略和IT战略咨询，并单独负责了多个大型工程的实施与执行。

但是打工不是田范江想要的，创业的梦想让这个清华博士一直在试图选取适合的行业和切入点。要做互联网，就要做热点，更要有卖点，2004年，离职后的田范江一直在寻找适合自己的创业路，2005年，百合网应运而生了。

过去几年中，据统计，共计有8家婚恋交友网站获得融资，包括世纪佳缘、百合网、珍爱网、嫁我网、蜜糖网、绝对100、中国爱线和爱情公寓。

截止到本书截稿，百合网已经成功进行了5轮的融资，投资人对田范江及其团队高度认可。

婚恋网站有个奇怪现象，就是免费，其实这是所有中介服务的一个最大的问题。平台是最值钱的，但很多时候是最难变现的，因为大家没有获得资源之前，觉得自己所需的资源是多么宝贵，一旦认识所需要的资源，需求者又会觉得平台虽然重要，但是需求者在平台里自己的投入和交往能力往往是需求者是否会与自己的资源有效结合的关键。

在百合网最初成立的时期，其采取了“免费”的方式，那也是田范江完成充分的市场调研的几年。在分析和解答了无数网上择偶的问题后，通过近十年的深入接触，他更是从一个情感的门外汉变成了互联网婚介的高手，其中悟性和坚持是使其脱颖而出的关键。

目前婚介网站采取的主要模式为两种，eHarmony 是美国最大的婚恋交友网站之一，由婚恋研究的心理学家 Neil Clark Warren 博士创建，专门致力于促成那种“以结婚为目标”的严肃关系。eHarmony 主打专业的心灵匹配测试系统。

而创立于十年前的 Match.com 是 IAC/InterActiveCorp 旗下公司，根据 comScore Media Metrix 的统计数据，Match.com 目前拥有 1500 万用户，是全球最大的婚恋网站，它以 15 种语言，在超过 35 个国家运营业务。而 Match.com 主要是通过资料进行搜索和筛选。

利用 eHarmony 的模式可以降低用户的时间成本，因为在普通的网站可能要见很多人才能找到适合的客户，但是这种模式会大大缩减这种见面的数量。

选择 Match.com 的模式，可以迅速扩大客户量，也因此，Match.com 做过全球的婚介网站老大，中国的世纪佳缘做过中国婚介网站的老大。

这种纯粹平台式的发展最需要的是专业的融合。田范江知道，要想在婚恋网中树立旗帜，找出自己的特色是最重要的。田范江从创业之初就看到了这种专业融合的重要性，田范江选择的是专家模式，即主打专业的心灵匹配测试系统。

婚恋这个行业的本质就决定了这个行业的天花板，因为中国有 14 亿的人口，去掉孩子、已经结婚的、准备结婚的人口数不及二十分之一，而这些用户除非是大家眼中的“剩女”或者“剩男”，大部分客户配对成功并结婚后，对婚介网站的二次需求量很少。

如果没有一股子韧劲儿，估计田范江早就离开这个行业了，一开始踏入这个领域的新鲜和激情已经和之后的行业残酷形成了很大的背离，而这种情况是大部分创业者都会遇到的。要想挺住并且活得更好，除了找出新的盈利点，最需要的就是这个理工科博士多年来塑造的性格——“韧劲儿”。

但是，就是因为这个行业的天花板，田范江知道，天花板的行业只有一直在行业中领先才能活得更好。这个行业的特性，也注定了这个领域一直是年轻人关注的焦点。田范江知道“眼球经济”的力量，因此一直十分重视树立“百合网”的品牌。无论是与求职的《非你莫属》，或者相亲类电视节目《非诚勿扰》的长期合作，还是影视剧《我愿意》、《咱们结婚吧》的植入，都取得了不错的效果。根据艾瑞《2012—2013 年中国婚恋行业研究报告》显示，百合网以 88% 的品牌认知度位居首位。

其实，百合网品牌塑造的成功不仅取决于田范江对互联网婚恋的本质认识，还在于他敢于在广告营销上“砸钱”，每年至少一个亿的广告营销费用不是每个创业者都敢做到的。

关于创业的道德，是一直要提醒所有创业者注意的。全国“扫黄打非”办公室 2014 年 5 月 15 日通报，快播存在传播淫秽色情内容信息行为且情节严重，据相关规定，广东省通信管理局拟对其处以吊销增值电信业务经营许可证行政处罚。其实对于互联网行业，为了不死掉，为了博得眼球，为了流量和点击率，一些创业者迷失了方向，欲望击穿了底线，做了很多违法的勾当。而其中，不少婚介网站的一些不严肃、欺诈、色情等一直考验着这群创业者。

因此，田范江提出了百合网是一个“严肃的婚恋网站”，也因此那句经常能听到的“百合网实名制”的口号一直让很多人尤为熟悉。

在移动端的布局一直是田范江关注的重点，在移动端的布局上，百合网还在探索 O2O 模式——将移动端与线下 70 多家实体店结合，为实体店 VIP 会员安装相应的 APP，每天都为其推荐合适的人选，双方可以在上面实时聊天，提高找对象的效率。

创业箴言

如果没有一股子韧劲儿，估计田范江早就离开这个行业了，一开始踏入这个领域的新鲜和激情已经和之后的行业残酷形成了很大的背离，而这种情况是大部分创业者都会遇到的。

经常和田范江在一起会发现，这个创业者的腰板总是直直的。其实一般人会问，这又能说明什么呢？大部分 IT 创业者，由于工作的压力，性格的因素，不少人出现驼背的现象。

当我的一位好友，资深媒体记者在为我摄影的时候，经常说的一句话就是，“吸一口气，挺直腰板，看镜头”，虽然很简单，但你会发现停止腰板的那一刻，你的信心足了，信念也强了，信仰也深了。挺直腰板是田范江这个理工博士一直的作风，也因此铸就了一个韧劲十足的他。

一个好汉三个帮，互联网创业靠的就是团队。田范江、慕岩、钱江，他们是清华的校友，也是三位男博士，更是中国学历最高的“媒婆”。三位男博士当年写在纸上的一个创意，如今已经成型饱满，百合网的发展模式更已清晰可见，回想起来，百合网在 2005 年情人节之后构思，当年 7 月份上线、8 月份融资，这是多少创业者梦寐以求的“进展”！

从家庭角度看，慕岩是记者型的妻子，田范江是专家型的丈夫，田范江在对外场合很少夸夸其谈，但是心里却有着自己的小九九。在前面冲锋的慕岩，在后面冷静坐镇的田范江，加上一个百年好合的名字，百合网近 10 年来的创业之路越走越宽。

每次与田范江聊生活，都会感觉他的确是个爱情婚姻方面的专家。他说很多人之所以找不到合适的爱人，是因为没有配到同一个部落的人。人一共有四个部落，分别是知识型（追求知识，不停的学习）、意义型（追求梦想，为了艺术或其他情怀）、刺激型（玩的就是心跳）、安全型（时刻警惕生命、金钱的安全）。虽然交往需要互补，但长时间的相处还需要是同一部落的一对，那样爱情和家庭的耐力才最长久。

其实后来大家才逐渐发现，这个清华 IT 高材生是怎么成为婚恋领域的专家的：大数据的分析统计加上其对中国婚恋行业的开创和践行，专业一直是其上下求索的最关键。

但是，作为创业者，田范江面临的一个考验是，企业上市。从一开始资本市场的宠儿，到年轻人的最爱，又到 IPO 的一拖再拖，这其实是非常考验创业者的，来自投资人的压力，来自团队的压力，来自舆论的压力，让田范江必须挺住。

当然，田范江和团队深刻知道，伟大的企业，大多是熬出来的。

创业箴言

伟大的企业，大多是熬出来的。

4年300倍回报，领略“创业+投资”的温文尔雅

当游族网络成功借壳梅花伞（002174）的时候，全天下的人不得不为这个80后的创始人林奇羡慕妒忌恨。可是谁又知道他的天使投资人——李竹，从2009年游族网络成立到2013年成功借壳的4年里，当时的200万投资，已经获得了300多倍的回报。而李竹在成为投资人之前，原来也是一位创业者。

作为清华校友总会TMT协会的会长，李竹的创业和投资把清华的资源使用得淋漓尽致，这才是智慧的创业者。

李竹的性格十分沉稳，讲话、讲课、演讲、开会、吃饭等场合都是这样。和这位平时都特别亲切的“李会长”或者“竹总”在一起，自己也被熏陶得貌似沉稳起来。这种沉稳的性格是成熟创业者必备的品质，在经历人生波澜不惊之后，他们已经看淡和看透了人生的规则，更加豁达和冷静地处理事务。

李竹在清华大学毕业之后和同学成立了软件公司，在公司被清华同方收购后，开始做投资，一次偶然的机会从投资人变成了联合创始人成立了悠视网。悠视网是李竹创业的第二个项目。其实在最初的时候，这家公司只是李竹他们所做的投资之一，用的都是自己的钱。当时李竹觉得技术不错，而且当时预计视频领域将来会有很大发展，所以本来是以投资人的身份进入的，但广阔的行业空间让李竹以CEO的身份全职进入了。

天使投资人是这几年来特别流行的。真正能投资天使的项目并成功推出的，需要很强的看项目的能力。这些人自己往往就曾经是创业者，在功成名就

创业箴言

沉稳的性格是成熟创业者必备的品质。

后可以从创业和投资的双重角度来看问题。

李竹其实是一个非常不愿浮夸的人，他很诚实，也坦言自己的第二次创业——悠视网虽然从投资的角度看收益不菲，但做得并不像其他著名视频网站那样漂亮，他归咎于自己的谨慎和不肯烧钱，对资本的使用和认识还不够，没有在版权拼杀上大放手脚；另一方面，悠视网在手机客户端的发力不够，没有更好的发展。后来，悠视网与姚明团队旗下的贝泰科技公司完成合并，重组后的新悠视网将以体育直播和互动娱乐服务为发展方向转型，有了更广阔的发展空间，之后，李竹出任悠视网的董事长，同时又做回投资人。

这回，李竹开始了他第三次的创业之路，致力于创业和投资的生态圈的产业促进和发展。李竹首先联合清华校友成立了创新型的孵化器——厚德创新谷，其依托清华大学雄厚的技术实力与产业资源，以及清华校友在创业、产业、投资方面的丰富经验和国际化资源，结合清控科创专业优质的企业孵化及培育能力，为创业团队提供360度创业服务和全过程的资金支持，促进其快速成长。

之后，为了推动优秀的孵化项目的成长，李竹联合清华校友成立了英诺天使投资基金，为了弥补目前天使投资培训领域的空白，国内首家公益性的天使成长营随之成立。为了进一步完善创业和投资的生态圈，李竹的团队联合打造了硅谷和中国最前沿科技创业资讯的前沿科技媒体Pingwest中文网。

李竹经常说的一个词就是“同花顺”，要想打出一副好牌，一定要有一个好的团队，“志同道合”是李竹和所有合作方最基本的要求。

因此李竹过去的每次创业，谈得最多的就是“同学帮”，抓住清华校友的志同道合，绝对避免“单打独斗”，因此，从创业的角度看，李竹最看重的就是团队建设，即寻找你的“联合创始人”。每次和李竹及创业团队一起交流项目，十次有九次是聊到午夜12点之后，李竹一直强调一点，创业者如果做不到一周工作6天，每天12小时，那样的创业如何能够成功呢？

把创业和资本同时玩转，又不失以市场为导向作为切入点，这是李竹的做事风格，也是一两拨千金的实业者的智慧。

其实，很多创业者都有过的经历就是，创业获得了第一桶金，充分领略创业的艰辛和竞争的残酷后，把创业获得的资金投入股市或者楼市，很省事也很简单，只不过是换了一种状态。李竹在第一次创业成功之后也曾经历这样的资本诱惑，但是当李竹第一次触及股市以几千万的损失收场的时候，李竹知道股市的这种“赌性”太不适合创业者或者天使投资人的实干性。不得不承认的是，股市有很好的投资实业与上市公司并购的通道，同时也是了解各行业及宏观形势的较好工具。但是投资失败是优秀投资人不能忍受的，因此李竹抓住股市的一波反弹，不仅收回了损失，还赢得了一套别墅。怀着这样的战绩，李竹安心地将投资的重心转移到天使投资上。

李竹是一个厚道的企业家，所有和李竹在一起的伙伴公认他的亲和、大气。李竹的厚道使得清华的校友一致推举他为清华校友总会 TMT 协会的会长，这些优秀校友在李竹的召唤下成立了英诺天使投资基金，专注于投资天使项目。

创业成功之后的 3 件事：做公益、做老师、做投资。作为创业魔法学院的校董，李竹这个创业路上的过来人一直践行在支持优秀青年人创业的路上。

谈到创业魔法学院，一定要提到它的创始人，邓永强和陆伟。

邓永强是李竹的校友，也是航班管家的联合创始人。邓永强极富包容的胸怀决定了他的交友非常广泛，对项目的把握也一针见血。

如果第一次和邓永强接触，肯定会因这个广东腔的创业者的普通话，误以为他说话不够亲切，但深聊下去就会发现邓永强的热心肠是其能成为互联网圈子磁场的原因。

邓永强在中关村是个非常积极的圈子制造者，他知道如今的年代想要成事，一定要做好自己的生态圈，过去总提产业链，其实那是不够完善的，产业链对于各个群体只是简单的直线相连，而并没有沟通整个系统当中各个要素的互联。在和英诺天使基金和厚德创新谷等的全产业链打造的平台下，优秀的项目不断被挖掘、被培育，创业魔法学院更是把创业培训和项目挖掘融为一体。

创业箴言

如今的年代想要成事，一定要做好自己的生态圈，过去总提产业链，其实那是不够完善的，产业链对于各个群体只是简单的直线相连，而并没有沟通整个系统当中各个要素的互联。

陆伟是个为了投身互联网创业教育事业，毅然带着老婆孩子举家北上的年轻创业者。其炯炯有神的眼睛背后藏有更多的是创业者的聪慧和思路的清晰。从创业魔法学院成立的第一天起，陆伟的原则就是要做中国最专业的创业教育与服务机构，他和他的联合创始人一起联合了清华校友总会、广州创新谷及北京中关村的各大互联网公司，通过对硅谷先进创业孵化生态的深入研究，基于中国实际情况创造了一套完整的线上线下创业教育课程、服务产品，并形成了早期创业公司的快速发展学习路径，系统帮助创业者迈过从 0 到 1 的生死线，迅速进入到资本推动的真正商业世界。因此创业魔法学院的企业和导师、乃至校董都是严格要求的“高大上”。创业要么不创，要创就要创立主流，主流的人才能成就主流的事，这句话是有道理的。

创业箴言

创业要么不创，要创就要创立主流，主流的人才能成就主流的事，这句话是有道理的。

是否以自己名字命名的企业才够伟大

如果谈起中国的大律师，肯定少不了一位重要人物——岳成。岳成律师不仅是位专业人士，更是一位成功的创业者。

岳成，北京岳成律师事务所创始人，中共党员，国家一级律师。1980 年从事律师工作，执业三十余年，办案逾千件。1995 年岳成被北京大学法学院聘请为法律硕士专业学位研究生兼职指导教师。

每次我和岳成律师见面，看到更多的是岳成的“老师”的形象，这是一位已经年近 70 的创业者，这位律师展现出的企业家的风范、做人做事的风格、对人对事的看法，是值得每一位创业者学习的。

岳成是农民出身，虽然如此，岳成律师从小树立法律的理想，并且最终把律师做成事业，做成企业，做成家业，实现了 1976 年进县城、1986 年进省城、1996 年进京城的三步走。

岳成说梦想是一种追求，理想是一种目标。有追求有目标就有方向，有激情。惰性是人的最大弱点，贪性是人的最大动力。去掉弱点，控制动力，把握底线，坚持原则，勇往直前，定能成功！这就是岳成的风格，他从来不会避讳谈到很真实的话，他认为人有贪性不是缺点，关键是要把握好尺度和底线，加以利用，反倒可以成为一种动力。

岳成对生活的理解也有着自己独到的见解，他认为仆人眼里无伟人，越是在熟人面前，越要注重自己的形象，注意自己的小节。夫妻也是这样，不要认

创业箴言

仆人眼里无伟人，越是在熟人面前，越要注重自己的形象，注意自己的小节。

为婚后就万事大吉。无论外面和家里，在另一半面前表现得越优秀，婚姻就越稳定，夫妻之道仍然要互相尊重、互相吸引。君不见那些离婚者大部分不是大是大非导致分手，而是家庭琐事让他们分道扬镳。家庭这个大后方的稳定对创业成功是至关重要的。

谈到对朋友的理解，岳成更有一番深度，岳成认为，君子留路后来走！人的一生要和无数人打交道，人是最难相处的！谁都希望朋友遍天下，真正知己又有几人？须知交友不慎是会受到伤害的。“近朱者赤，近墨者黑”是有道理的。熟不言理这句话是错误的，人是越熟越挑理。以礼待人永远不错，关键是需要涵养、智慧、知识、环境等多方面因素才能让人彬彬有礼。

使我最敬佩岳成的为人的，是他给我发的一条短信：“兄弟，人是装出来的。我在很多场合都说过，我在装。在单位要装，要像领导。在外面就更是啦，你必须装得很有风度，言行举止是个律师样。回到家本可放下架子，摘掉面具。也不行！在老伴面前更得装，不然她会认为你变了，对她不尊重了。在儿女面前就更要装了。尤其在孙子面前就更须谨小慎微了。但是什么是‘装’呢，其实这种装就是‘榜样’！”

能说出这么质朴的话，说明岳成对人生的大悟大彻，这样才活得真实。

创业者，如果只是停留在工作、业务、金钱的表面行为上，难以成大事。而其对人生、对事物的道、法、术的理解，才能让创业的道路走得更远、更稳。

创业者应该如何看待幸福呢？岳成告诉我，幸福是一种感觉，当你感觉幸福的时候，你就幸福了。这不是自欺欺人，而是一种心态。所以幸福是很容易得到的。烦恼是自找的，想开点就好了。但是，寻求快乐是要有度的，不然，就会乐极生悲。老子言：祸兮福之所倚，福兮祸之所伏。

1994年岳成被评为首届黑龙江省“十大优秀律师”第一名。1995年被评为第一届“全国十佳律师”。1998年，北京市司法局律管处委托零点调查公司调查结果显示，他是北京地区知名度最高的律师。2001年，中央电视台《东方之子》栏目播出了“首届全国十佳律师——岳成”的专题报道。2002年，北京市司法局授予他“刑事辩护突出贡献奖”。2005、2006年连续被评为“中国十大诚信英才”。2006 年被聘为北京市评标专家。岳成还被东北农业大学、北京林业大学、吉林大学、黑龙江大学聘为兼职教授。

对于做人，岳成表示，“感恩”和“敬畏”，如果记住这两条并身体力行，保证一辈子平安快乐！

谈到感恩，岳成律师事务所出资 120 万元，在北京大学、清华大学、中国人民大学、中国政法大学、吉林大学、黑龙江大学 6 所大学法学院同时设立奖教金和奖学金；出资 10 万元，在黑龙江省海伦市第一中学设立奖教金和奖学金；2005 年出资 10 万元，在华东政法学院设立奖学金；2006 年出资 10 万元，在中山大学设立奖学金；2007 年出资 10 万元，在中国协和医科大学设立奖教金、奖学金。岳成律师事务所每年都将出资 10 万元，在各大学法学院设立奖学金，回报社会。

作为创业者，岳成有一点是最让人佩服的，就是以自己的名字命名企业。从全球来看，做得好的公司，很多都是以自己名字命名的：沃尔玛，希尔顿，高盛，摩根斯坦利，戴姆勒，麦当劳，等等。即使这些公司的名字给人家族企业的印象，但这些企业早已运用现代企业管理制度，聘请职业经理人。

换位思考，如果公司是以自己的名字或者家族的名字来命名的，这样的企业代表了整个家族的形象，而且更重要的是，不少创业者的公司名字经常换、法人经常换，公司名字都是一些美好的词，而这些企业名字与创业者基本很难挂钩，即使企业出现各种问题也不会影响个人，实在不行就吊销，重起一摊，再换个名字。这些都是不负责任的表现。

对于创业者，丰富的经历是成功的基石。很多自嘲的创业者不会避讳自己的出身，而出身反倒成为其开拓事业的本钱。而在如今创业艰难的大背景下，人们对白手起家的创业者更平添了一份尊敬。

岳成可以算是资深创业者。到了事业和人生的这个阶段，岳成想得更多的是企业继承和接班人的问题。有人会说这就是一个家族企业，是的，家族企业是很重要的创业的品类。

创业箴言

感恩”和“敬畏”，如果记住这两条并身体力行，保证一辈子平安快乐！

岳成的两个儿子和女儿都曾经就读于名牌大学法律系，而且全部从事律师工作，岳成的第三代也已经就读名牌大学法律系，用岳成的话讲，“选择我们，就是选择我们一家三代为您服务”。

有利就有弊，岳成家族式的管理很难像金杜、盈科、大成那样分所开遍全国，岳成律师事务所仅在北京、上海、广州、黑龙江、大庆、三亚和纽约设有分所和办事处。即使这样，服务质量一直是其企业扩张当中严格要求的。因为岳成这个创业者知道，企业想要活得长久，一定要稳健发展。

岳运生是岳成的长子，兼任北京市律师协会会员事务委员会副主任，中国政法大学兼职教授，北京市发改委法律咨询专家等社会职务。和岳运生接触，看到更多的是厚度，每次会议都能驾驭全场，每次见客绝对是彬彬有礼。岳运生也是一位创业者，其实守江山和创江山一样不容易。每次看到岳运生都在忙碌在奔波着，因为对于创业者而言，除了专业，“拼”是至关重要的。

岳成次子岳屾山，留学英国，攻读国立密德萨斯大学法律专业。中央人民广播电台《中国之声》栏目特约观察员。因为参加中国教育电视台《职来职往》节目而在网络上走红。在企业对外形象宣传上，岳屾山的名气甚至一度超过岳成。

岳成特别真诚地告诉朋友们，企业是需要宣传的，所以决不要放过任何宣传自己的机会。每次吃岳成律师的饭，他都会说，好啊，现在这个忙碌的时代，能来就是好啊，来了还得先看我公司的宣传片，看完后还得听我做广告，感谢你们啊。年过六旬的岳成就是这样，每周都要请几次客，他知道，对于做企业，“请客要比送礼更踏实更有效”。

岳成就是这样一个真实的创业者，“我从来没放弃这个机会啊，只要是名人案子或者说只要这个案子能炒作，我从来没有不炒作的时候，不炒作那是个傻瓜。”岳成的真实让大部分第一次和他交往的人感觉一下子去掉了人与人天然

创业箴言

对于做企业，请客要比送礼更踏实、更有效。

的隔阂和屏障，一下变得那么亲和与值得信任。

对于接手名官司，岳成知道也有风险，所以说不管大案子小案子，都认认真真地办，一点一滴地去积累这个荣誉。岳成在一次会议上问我，什么叫品牌？用一句话回答，岳成说，这也是他学来的，“品牌就是议价能力”。岳成知道，品牌这东西，积累慢，摧毁易。

8年“抗战”，谁主沉浮

随着2014年5月9日在美国纳斯达克敲钟，这个创业8年、“抗战”8年的途牛旅游网突然间成为所有创业者和投资人的谈资。

途牛旅游网诞生于2006年，那个时候旅游预定早已经是携程和艺龙的天下了，这让途牛的创业者们更加艰辛。但是找到自己商业模式的独特，做到细分领域的第一才是红海市场拼杀的蓝海武器。

于敦德、严海峰是东南大学的同学，同学帮成为其创业的团队的组建基础。而王童、于敦德、陈福炜是在2004年一起在博客中国创业的同事，王童作为博客中国的高管之一，对于敦德和陈福炜这两位骨干更是信任有加，因此在2006年看到于敦德和陈福炜为在线旅游义无反顾地创业而全身投入的时候，王童毅然做了把“天使”。

于敦德先后就职于博客中国和育儿网，亲自见证了互联网发展的问题与机遇。于敦德在博客中国的经验一直提醒他，互联网一定要做得专一，不能什么都做，业务太多等于没有业务。其在育儿网的经验一直提醒他，互联网不是独立的空间，而是与传统行业有效结合的渠道，行业网站才是最具发展空间的选择。而出于对兴趣的爱好及行业发展空间的判断，途牛团队选择了旅游这个行业。

在一开始还没有明确运营方式的时候，途牛团队建立景点库、设计旅游主题的“拼盘”、设计游记用的工具“路线图”，在人气逐渐上升的过程中，逐渐找到了明确的商业模式，即将国内有众多旅行社的旅游线路集中在一起并且分类管理，游客通过访问途牛网了解感兴趣的旅游线路，也可以向途牛网的客服咨询，最后在途牛网完成预订，途牛获得旅行社的返佣。

创业三年之后，产业链的布局要求途牛开始组建自己的旅行社，并收购了一些旅行社，以此来直接服务消费者的订单。

从途牛旅游网敲钟的那天起，其幕后的天使投资人——途牛网的资本推手——王童一度受到媒体追逐。王童，投资途牛 8 年，100 多倍的投资回报让人羡慕不已。王童，我每次见他都要摸摸他厚实的肩膀和可爱的肚子，就是因为这份亲和，让王童在互联网圈里更加接地气。

王童，不仅是途牛网的天使投资人，也是搜狐的元老，搜狐上市后他拿到第一桶金。他历经几次创业，每创业一次就要卖一套房子，创业是艰苦的。

作为创业魔法学院的校董，王童一直是支持创业的践行者。

王童很喜欢《斯大林格勒战役》这部电影。苏联的人送到斯大林格勒战役，一个普通士兵 24 小时死掉，一个连级以上领导活不到 3 天。如此艰苦，在那样艰苦的环境下，武器匮乏的情况下，最终靠着坚强的意志取得了最后的胜利。

同样，中国人民解放军在那么一个不可能的情况下打退所有“纸老虎”，所以，伟大的毛主席，其实具备了所有创业者应该具备的优秀素质。

在王童个人投资的所有投资案例中，一部分互联网的企业都已经消失了，但途牛网经过漫长的八、九年的等待，终于登上了纳斯达克。这就是互联网创业的真实的残酷。

民主体制能保证公平，但保证不了效率。这就要求做老大的人，当别人都倒了时，你需要还在。互联网的规则和打法，很多传统企业的创业者根本无法理解，也不理解互联网的本质和思维，就像苏宁，因为不理解舍不得投入，所以其互联网项目推进很难。

创业者组建团队时，一定要分清合作者和打工者。合作者是非常关键的，最好是有股份。打工者是可以替代的，建议以工资形式支付报酬。技术是关键，也贵，最好是用股份留人。初创期的企业缺钱，技术很值钱，但如果公司做大，可能技术人员的作用就不大了，所以一定要分清是合作还是打工，并且为将来的发展留好余地。创业者找来的合作者一定要有相同的气场和理念，不然不如就定位为打工者。一般来说，5%~10%的股份给技术性的人才就够了，一定要分清长期性作用和短期性作用。

其实王童这么多年自己创业和用自己的钱投资，对所投资企业一直保持的一个要求就是一定要保持团队的饥渴性，这些股权不仅是利益，更多的是责任。老大的股份一定不要轻易套现。要保持饥渴性。

天使投资失败的可能性是很大的。基本上，2 到 3 年能达到投资人要求的 10 倍回报是投资前提，如果给企业估值 5000 万，那么 2 到 3 年能做到 5 个亿的估值才更能吸引天使投资人。其实投资人心里都明白，真正能把自己往低里估的团队，是非常少见的。

团队比较完整，产品原型完整，并出现能达到一个月的运营的数据，是初创企业融资的关键。现在很多创业者不懂天使投资人的基本底线，浪费了很多融资的机会。

关于何时开始接触资本，王童和我的想法一致，一般越早接触资本越好，因为创业者的资本意识和能力是需要日积月累的，同时资本生态圈的资源需要时间去积累。成熟的投资人都是尊重创业者的。融资时要了解基本的概念。创业者要先做好功课。如果做好准备后，再遇到合适的时机去融资，就水到渠成了。

一个好的商业计划书至少要改过 10 遍，因为在做商业计划书的过程中自己的创业思路会被引领，每谈完一个投资人需要好好总结。

在融资中逐渐建立人脉是非常关键的，利用人脉和圈子找投资，是互联网企业寻找天使投资的关键。创业者一定要多出席一些活动去建立人脉。

大互联网公司的高管本人在创业团队中直接或者间接成为股东是非常必要的，这个可爱的天使投资人王童，又一次很得意地告诉我，他把很多互联网的高管变成了他的新基金的投资合伙人。王童认为投资的本质是优化配置。成功后的企业家变成投资人后，有了资金、资源和经验。对于这些天使投资人而言，如果只有金钱或者买理财，是最没有效率的，只有投入到企业当中才是最有效率的。

“对战略投资要谨慎，有人就有江湖，战略投资进入后就意味着创业者站了队，很多其他人很难去帮你”。王童说的这句话，我非常同意。初创企业应该尽量少拿战略投资的钱，对于产业资本，最重要的不是保值增值，而是整体的产业链战略。真实投资的时候，投资人也是讲究志同道合的，不是“一路人”的天使们是不愿意被撮合在一起的。

有些创业者对于天使投资人和天使投资机构还不够了解，而天使投资人和天使投资机构的本质区别也要求他们对项目具有不同的偏好。很多女生的梦想是开蛋糕店、咖啡厅、书店，这种项目适合天使投资人，每年给些股息或者其他的回报也是可以的，但不太适合天使投资机构。机构就是需要退出，是有收益的限制，被并购或者上市才是机构退出的主要渠道。

至于估值，早期的项目天使投资型的估值基本在 1000 万元 ~ 2000 万元之间，2000 万元已经是非常好的团队，非常好的业务。大多企业的估值在 1000 万元左右，每完成一个闭环和 KNOW HOW 就会增值很多。

系统的风险、法律的风险、业务模式的风险等都是天使投资人考虑的。不同投资人的想法和出发点不同，很多技术出身的考虑更多的是创新和技术市场空间。但是也有一些财务投资人，考虑更多的是公司整体运营后的上市规划等。

关于天使轮的融资，推进融资的方式确实需要彼此了解，谈话的头几分钟很锻炼创业者的综合能力，这需要提高创业的情商，如果在谈话之前做到知己知彼，即谈话前充分了解投资人和他的喜好，融资谈判就会事半功倍。

创业箴言

对战略投资要谨慎，有人就有江湖，战略投资进入后就意味着创业者站了队，很多其他人很难去帮你。

女演员+女制片人+女创业者+……=?

《窃听风云 3》这部电影火爆的影响力在 2014 年的 6 月初一下蔓延到了整个中华大地，而女性主题的突出是其与之前的《窃听风云 1》和《窃听风云 2》的不同之处。

当我把投资的触角不断伸进娱乐圈的时候，发现娱乐圈有一个现象很不好，今天是朋友亲密无间，明天有可能是敌人兵戎相见，今天说你好话，明天有可能在背后指出你的很多不是。但是不得不承认，在和叶璇的多次交流中，这个从女演员发展成女制片人，又发展成女创业者的女强人，每次流露出的都是正能量，每次给予的都是感恩的语言和积极乐观的沟通，而看着叶璇的一路走来，真的能看出她的与众不同。

叶璇，Michelle Ye，出生于浙江杭州，就读于韦尔斯利大学。1999 年年初，叶璇代表美国纽约前往香港参加第 12 届国际华裔小姐竞选（Miss Chinese International Pageant），成功摘得赛事冠军及最具古典美态奖。拿奖之后，作为国际华裔小姐竞选的主办单位，香港无线电视台（TVB）向刚满 19 岁的叶璇抛出了橄榄枝，叶璇由 TVB 前董事局主席邵逸夫先生“钦点”与无线电视台签约，成为旗下艺员，邀请她加入 TVB 从事演艺类工作。就这样叶璇开始从事电视剧拍摄及主持工作。

TVB 是非常磨炼人的，在 TVB 的 6 年里，每天不是在拍戏就是在拍戏的路上，培养了叶璇太多的演戏技巧，同时更让她了解了娱乐圈的激情与残酷。

2005 年叶璇离开 TVB 加盟红馆经理人公司，开始出演电影。2006 年凭《情义我心知》获得香港金像奖最佳新人奖提名。2010 年凭《意外》获得第二十九届香港电影金像奖及第二届优质华语电影大奖最佳女配角，凭《人有三急》获第三届新人电影节的最佳女主角奖和国际青年录像节的优秀演员奖。

电影和电视剧不一样，电视剧磨炼的是演技，而电影更能体现综合实力和影响力，在离开 TVB 的几年里，叶璇从电视剧转向电影，充分把自己的演技和影响力进一步夯实。但是叶璇知道，如果继续这样做演员拍戏，随着青春的流逝，她的路会越走越窄。真正喜欢挑战的人，需要的更应该是人生阅历成熟基础上的创业生涯。

就这样，2011 年叶璇创办叶璇工作室，担任浙江东阳博海影视有限公司董事长，以制片人的身份签约强视传媒，并担任强视传媒的董事。

与其他演员不同的是，叶璇知道自己除了要有商的身份，还需要官的身份和学的身份，就这样，叶璇一直向着多方面的资源和影响力发展，2012 年叶璇当选为横店影视产业协会唯一的女副会长。2013 年受聘成为浙江横店影视职业学院表演系客座教授，并入读长江商学院 EMBA。

叶璇是非常“拼”的，不仅因为其创业者的身份，更因为她每次做企业的熬夜辛苦和责任心，每次和她在强视传媒开董事会，都叫她叶总。做演员就很辛苦了，何况一边做演员一边做企业呢。

叶璇的人际交往能力、语言表达能力是创业者的典范，这源于她良好的家庭教育和对人对事的态度。叶璇父亲是浙江杭州人，母亲和外祖母都是浙江温州人，祖父母是大学教授。她从孩提时代就开始学习舞蹈、钢琴、书法等。

叶璇非常聪明。高中毕业时她以全纽约市第一名、180 门功课全 A，物理、化学成绩尤为突出的优异成绩同时被多家名校录取，最终选择了位于美国波士顿西郊的新常青藤学府韦尔斯利大学（Wellesley College），即韦尔斯利女子学院，并且取得全额奖学金，这所学校培养出很多名人，如宋庆龄、宋美龄、冰心、希拉里等。她选择了“政治科学”专业，以便将来从事政治家、律师之类的工作。选择这种职业的人往往是智慧型的沟通高手。

结识叶璇还是在 2011 年的《第九个寡妇》新闻发布会上，还记得那个时候，不少明星都出现在香格里拉的会场，其中不乏高傲的、冷峻的。而叶璇，作为一个演员加创业者，聊起电视剧产业来更显得游刃有余。该剧作为叶璇首部担当出品人、制片人兼主演的电视作品，改编于当代著名旅美作家严歌苓的同名小说，叶璇在剧中饰演的是传奇寡妇“王葡萄”，为了更好地诠释这个角色，除提前几个月翻阅历史资料外，叶璇还亲赴河南农村半个月体验生活，与村民们同吃同住。然而由于现有的电视剧审查制度的限制，电视剧《第九个寡妇》只能作为对原著的局部展示。

作为叶璇第一部自己当创业者投资的电视剧，叶璇知道作品的核心就是编剧，绝对不能砸了自己的未来。所以全身心重视。

其实这种思想就是我一直提到的，虽然每个行业中有很多长辈，但是年青创业者也更值得大家去相信，因为大佬很有可能不自己操刀，或者无法做到足够重视。而作为晚辈的年青创业者，会把自己所有的经历和资源全身心地放到自己的起步事业上，这种冲劲、激情、负责任的态度往往更值得相信。这也是"创业后浪推前浪"的主要原因。

作为制片人和创业者，全盘布局，找朋友、搭班子，和自己的"队友们"砍价格就成了叶璇不得不面临的问题。但作为创业者只能精打细算。但砍价格是有代价的，"在江湖上混，迟早是要还的"，即使友情价出演，下次叶璇也要以同样的形式友情出演"队友们"的作品。

记得那个时候，每次见到叶璇，都能看到她带着血丝的眼睛，定妆、场景、色彩，选择的都是一流的团队组合，而更重要的是每天晚上熬夜进行方案更改，精益求精。很多事情，说起来容易，做起来需要超强的驾驭能力。

对于一个创业者来说，即使有再好的产品，营销做不好，市场不给力，也难以成就事业。拍摄完成了，考验叶璇的又是另外一个问题，如何发行？如何卖好？

还记得 2012 年，在《第九个寡妇》杀青后的一整年都没有看到在电视台播放，大家着急了，所有的股东、演员、公司、资金等的压力都给了叶璇。一个创业者必须是全面手，产品、销售、融资、管理、发行可谓一波三折，因为电视台对题材的把握以及对叶璇新人的质疑都让叶璇遇到了比做制片还大的困难——发行。

全国三十多家卫星电视台，要想在黄金档播出，需要强大的影响力，需要合适的播出档期，一件又一件的难题向叶璇压过来。

叶璇做成了《第九个寡妇》的样片，只要有机会和电视台或者相关负责人接触，叶璇都会努力接洽，而这些销售工作和之前的演员生活往往是风马牛不相及的。

功夫不负有心人，浙江卫视，中国一线的地方卫视独家播出。本以为叶璇可以长出一口气了，另外一个问题又出现了——收视率。如何保证高收视率是浙江卫视这家国内一线卫视的要求，也是叶璇对自己人生第一笔生意临收官时的要求。就这样，叶璇和浙江卫视沟通了参加其中国蓝的相关电视宣传。让人钦佩的是，叶璇把《第九个寡妇》的开播细节等印制在小礼品上，在浙江杭州的大街小巷宣传自己的电视剧。这是前所未有的工作态度和工作方式，这种低下腰做事的态度让她真的蜕变成了合格的创业者。叶璇不再是所谓高傲、冷峻的明星，而是一位地地道道的做事的人。

有了做企业的首战成功，叶璇又快马加鞭地赶制公司的第二个项目《雅典娜女神》，还是那样的精益求精，还是那样的追求完美，顺利拍摄，也奇迹般顺利地在 4 个卫视的黄金档发行。

《雅典娜女神》在各个地方电视台的首播可算成功，每处都是当地收视率的第一名。这充分说明了观众对其题材、情节、整体团队演技的认可。可是我说过，没有失败的创业者是不成熟的创业者，这种大胆创新、上海滩似的《雅典娜女神》就曾突然在临开播前的一个月遭遇到了国家广电总局对“抗日神剧”的封杀。《雅典娜女神》与四个卫视签订的购片合同立即失效，而播放日期也被无限期搁置。

叶璇没有气馁，为了节省成本，做到盈利，她立即召唤主演们重新定妆、重新拍摄、重新定位，如何降低成本呢？一个个说服演员、导演、团队，并在横店正在拍戏的各个剧组中临时借用朋友们的影棚和场地，在不超预算的情况下迅速重整旗鼓……各种困难一次次地考验叶璇的心理底线。终于，2014 年 6 月，江西卫视、湖北卫视、贵州卫视、安徽卫视隆重推出了这部迟来的《雅典娜女神》，此剧的名字改为《青春烈火》，最终，以全国网络点击率第二的成绩成功收官。

文化创意类的企业大多是项目公司，创业者一直会处于不停的奔跑状态，一个项目结束后还有另外一个项目在等着，否则公司就会停滞。气也不喘一口的叶璇开始了《雅典娜女神2》——《潘多拉秘密》的研讨和制作。

叶璇是一个“不服输”的创业者，这也是成就事业最重要的“气质”。为了时刻保持自己的演技厚度以及娱乐圈的人气，不断地接拍电视剧如《龙门飞甲》、《紫钗奇缘》、《国色天香》，电影《窃听风云2》、《窃听风云3》、《毒战》、《建党伟业》等。做演员要做得好，做企业要做得好，这种“忙而不累”的状态是叶璇一直在坚持的。

叶璇是一个“大气”的创业者，她的《窃听风云3》放映的时候，特意买票邀请我观看她的电影，还特意嘱咐，让我不设上限地邀请好友一起观看。这是小事，可是这件小事，我们真的可以看到叶璇的不同，她早已由演员蜕变成了创业者，而这样的创业者是招人喜欢的，因为财散人聚。

做事业就是这样艰难，而艰难中孕育着欣慰和成就感。这些都是真正娱乐圈创业者背后的故事，娱乐圈的创业更难，每一步都有很多人拿着放大镜去审视你。

创业箴言

叶璇是一个“不服输”的创业者，这也是成就事业最重要的“气质”。

信息服务平台的创业路

从 2011 年开始，在中关村地区突然冲来一匹为 IT 行业企业提供市场、金融、知识产权等综合服务的黑马，这就是“软交所”，即北京软件和信息服务交易所。这是根据国发【2011】4 号文件的指导思想和北京发【2011】4 号的具体要求，在工业和信息化部、北京市人民政府及相关政府部门的大力支持下，成立的一家以信息和资源高度聚集为基础、提供软件和信息服务交易的公共服务型平台。

软交所作为北京软件与信息服务业公共服务平台的重要组成部分，在促进软件产业的发展方面发挥了重要作用。为了推进北京软件正版化工作进程，软交所以协助北京市版权局开展北京市软件正版化领航工程为契机，创新性地采取了软件团购的新模式，截止到 2014 年年中，已累计帮助企业团购正版软件近 7 万套，交易额近 4 亿元，团购价格普遍比市场优惠价低 30%以上。与此同时，软交所建立了公信、透明、阳光的信息化建设项目招标采购入场交易，为 100 多个政府和社会重大信息化建设项目提供入场招投标交易流程性服务，交易金额近 6 亿元。

针对中小软件企业的营销现状，软交所建设运营了软件和信息服务交易公共服务平台、创新营销平台以及海淀区新技术新产品（服务）平台等重点面向高新技术行业企业的服务性平台，并得到了国家工信部、北京市经信委、中关村核心区管委会以及海淀区政府的指导与支持，形成政府支持、服务企业、市场运营的运行模式，为高新技术行业企业提供集市场服务、科技金融服务、知识产权服务、企业能力建设等多项服务。此外，通过搭建首都农业农村信息化联盟在线平台，软交所有效推动了北京市农村信息化的发展。

软交所的创业宗旨仅有短短的八个字——“让软件交易更容易”，但实践起来却没那么容易，虽然有政府的鼓励与支持，有大型国有机构的股东背景，但软件交易所的模式国内独有，毫无样板可以参照复制。

而软件作为产品，与传统商品差距太大。尤其在中国市场，定价难、议价易更是无法规避的现实问题。经过三年多的发展，摸着石头过河的软交所逐渐找到了前进的方向：软交所的根本核心就是交易所，只是提供一个交易的场所和规范，将软交所定位为一个确保交易可信的平台，而不是一个卖方或者买方。针对软件产品标准化程度低的主要问题，明确软交所的首要工作是软件和信息服务交易的标准化。

在创业的过程中，公司的定位、产品的定位、甚至员工职责的定位基本上决定了企业的发展前途，“只顾低头拉车，不去抬头看路”的企业只会像流星一样划过。

提起软交所，一定要讲讲它的总裁胡才勇的故事。

“老胡”置身软件行业二十余年，开源软件、标准、国产这三个词可以概括他大部分的职业生涯，他是红旗 Linux 的主要发起人之一，北京红旗中文贰仟软件技术有限公司创始人，任董事、总经理，一直致力于国产软件、开源软件和开放标准的研究和推广，堪称国产开源软件的旗手。1994 年至 1999 年，胡才勇担任中科院软件所开放系统与中文信息处理中心副主任，承担主要的开发工作和项目管理工作，参与多个“九五”国家科技攻关项目。参与研发国产操作系统红旗 Linux。

1999 年 10 月，胡才勇创建北京红旗中文贰仟软件技术有限公司，在北京红旗中文 2000 公司工作期间，带领公司团队组织开发了跨平台的中文办公套件 RedOffice。

创业是艰难的，胡才勇一直走在软件创业的路上。风风雨雨走来，胡才勇最大的感悟是：做企业，尤其是高科技企业，对核心技术的理解并不到位，投入和坚持也做得不够好，导致企业根本没有核心竞争力。做企业要一步一个脚印，不怕慢，就怕乱。他这种脚踏实地的工作作风以及执着、负责任的个性，受到了政府领导的肯定与信任，同时也为他迎来人生的第二次创业机遇。2011

创业箴言

“只顾低头拉车，不去抬头看路”的企业只会像流星一样划过。

年 5 月 6 日，软交所正式登记注册，胡才勇受托出任总裁。

2011 年的时候，当时只知道胡才勇在忙这个事情，一开始投资人陆陆续续地接到了一个新的机构的“壹周创业秀”活动的邀请短信，一些投资人对这个突然冒出来的软交所感觉上只是新奇，感觉上很是“业务型”。但是让人震惊的是，短短半年的时间，北京地区的投资机构几乎人人都知道了“软交所”的名字，而且几乎他们都去过软交所，参加过软交所的活动，并且都很肯定软交所的资源平台能力。突然之间，“软交所”在投资人眼中再也不是那个“业务型”短信平台，而成为 IT 行业资本市场离不开的资源整合平台，软交所的正版软件团购业务、科技金融服务、知识产权服务逐渐走进了人们的视野，买软件找软交所、卖软件也找软交所、好项目融资还要找软交所。

其实对于交易所而言，如果不是有国家政策的倾斜或者政府强制性的交易规则（例如某些交易所对于当地国有企业的股权转让强制在当地的股权交易所操作并赚取佣金），是很难真正盈利的，而且不寻常的背景使软交所承担了“建设一个阳光透明的信息交易市场，促进软件产业做大做强”的社会责任。

胡才勇是一个脚踏实地的创业者，他从做软交所的第一天起，就始终坚持社会效益为首，经济效益为本，通过活动做资源，通过资源做交易，通过交易做服务，在交易与服务的基础上，在企业获得收入的同时，打造 IT 产业良性生态环境。软交所用了三年的时间不仅实现了盈利，还在北京市范围内乃至全国重要科技园区打响了软件和信息服务业公共服务平台的知名度。

针对高新技术行业轻资产企业融资需求，软交所涵盖债权与股权的科技金融服务平台，解决了科技与金融相结合过程中知识产权价值量化和资本化的难题，截止到 2014 年上半年，帮助 192 家企业债权融资 18.1 亿元。软交所推出创富中国系列投融资对接活动，仅 2014 年上半年，就举办 27 场投融资对接活动，为 50 多家企业提供了投融资路演对接服务，总计参会人数近千人。同时，软交所成立了投融资委员会以及北京 IT 并购俱乐部，聚拢了大量的投资机构资源。当很多投资人花了几年都没成功募集私募股权投资基金时，软交所已经在其成立不到两年的时间内成立了软交所系的北软天使股权投资基金，所投的三个明星项目还被新闻联播播报。

软交所一共有八十多名员工，但是北京的几乎每个大型的资本或者 IT 活动都能看到它的身影，做事情最难的是坚持，每天都忙碌于各种活动和交易上，这个团队在胡才勇的带领下生机勃勃，这个平均年龄不超过 30 岁的团队异常稳定，他的员工对我这么解释原因：“软交所做的事情和接触的广度给予的视野是其他很多企业远不能给的，而且胡总对我们而言不仅仅是创业者，也是个极具亲和力的兄长，身体力行地教导我们如何去生活，如何让自己和自己身边的人获得幸福，我们大家都喜欢跟着他。”

谈起胡才勇，最让我记忆深刻的是他的书，他的未出版的书，他留给女儿的未出版的书。胡才勇写的书很厚，里面都是他每周写给女儿的话，他说这本书记载的是这么多年来所有对女儿说的话和写给女儿的话，他把这本书作为女儿的生日礼物。如今胡才勇又在写第二本书了，这一本是为女儿的 18 岁成人礼而准备的礼物。每次和胡才勇吃晚饭的时候，他总要给女儿打个电话，他说每次都不能忘而且还要早点打，因为这是在教女儿“尊重”。《冰河世纪 3》这部电影，胡才勇至少陪着女儿去电影院看了 4 遍。

在与胡才勇的沟通中，感受了他作为创业者的激情与执着外，也无时无刻不感受着他对生活的真诚与热爱。人和人之间的沟通也是如此，如果每个人都掖着藏着，都是抱着纯商业的态度去和人去谈判去协调，这样的事业是冷冰冰的，这样的客户、团队都是不牢靠的，而无时无刻真正对家人、对客户、对团队的关心和爱护才是建立良好关系的核心。

其实尤其是那些围绕着光环的创业者的不少属下牢骚是特别多的，无论是对创业者的争议还是对创业者的吐槽。可是与软交所这八十多名员工在各种场合交流下来，真的没有一名员工吐槽，反倒是跟着胡总能学到好多东西以及坦诚的企业文化是这些员工津津乐道的。

不少人包括我在内，谈的基本上都是专业和商业，对于家庭、对于爱、对于情感基本是只字未提。表面上看是专业形象，时间长了反倒会失去太多的人情味，作为一个创业者，真的要时时刻刻提醒自己的情感，自己的梦想，自己的爱。

想了解胡才勇的人，更需要看看他的博客，即使再忙，他也会尽量抽出时间去记录工作的感悟与生活的点滴。博客里面有他职业生涯的体味，有他对后辈的指导，有他对家庭的责任，有他对长辈、对妻女爱的表达。朴实的文笔、真诚的话语似春雨润物，温暖着读者的心。

真正对生活充满热爱与真诚的人才是合格的创业者，这样才是真实的有血有肉的创业者，也只有真正懂得爱家人、爱团队、爱企业、爱社会，才算是合格的成功者。

创业箴言

真正对生活充满热爱与真诚的人才是合格的创业者，这样才是真实的有血有肉的创业者，也只有真正懂得爱家人、爱团队、爱企业、爱社会，才算是合格的成功者。

如何“找到”并“得到”贵人相助

成功需要高人指点、贵人相助、神人保佑、能人相辅、小人监督、个人奋斗。

谈到贵人，对于创业者太重要了。2014 年 5 月 17 日，聚美优品登陆美国纽约交易所，陈欧，为自己代言，作为创始人，陈欧上市首日身家超过 11 亿美元。

陈欧最大的贵人是徐小平。其实陈欧并非一帆风顺。

2006 年，他还在新加坡读大四，仅靠着一台笔记本，创办了在线游戏对战平台 GGgame。这位资深游戏玩家兼程序员让 GGgame 迅速风靡世界，短时间内吸引了数量庞大的游戏玩家，成为中国之外最大的游戏对战平台之一。

在 GGgame 发展得不错时，陈欧犹豫过是继续创业还是攻读硕士，毕竟本科毕业太没有优势了。最终陈欧决定去斯坦福大学读 MBA，扩充自己的知识储备，之后他找来一个职业经理人帮自己打理公司。

写代码出身的陈欧自认对商业和管理并不在行，所以希望这个职业经理人弥补公司的短板。

但是只有专业的游戏经验是不够的，陈欧的管理能力和社会经验毕竟还是欠缺。他从 90%的占股比例，分文未取地自愿让出 40%给职业经理人，这样的分配是只有梦想而无失败经验的创业者的行为方式。

2007 年 7 月的一天，还是斯坦福大学学生的陈欧飞回北京，为他的项目融资，同时有意识地多交一些资本圈的朋友。经朋友介绍，陈欧在中关村结识了未来最重要的创业恩师，也是他的贵人——真格天使投资人、新东方教育集团创始人之一徐小平。因为气场很合得来，创业者对自己企业的执着以及对企业的看法让徐小平相信这个创业者是有梦想、有思想、有料的。但陈欧这一次没有拿徐老师的钱。因为他当时正面临毕业后是继续读书还是回国的抉择。这件事很彰显陈欧做人做事的道德品质。

还记得我遇到过几个创业者，他们也拿过真格天使投资人、新东方教育集团创始人之一徐小平的钱，但是他们的企业做得一般，最后解体了。可是我在问他们如何向投资人交代的时候，他们团队的话很让人气愤："徐小平老师您还不知道嘛，他投资的项目多了，觉得差不多就给点，这个项目失败了也没什么，反正也是种子期，也不会计较什么"。每个成功的人都有过人之处，成功的人最大的能力就是不会被一块石头两次绊倒，所以说那种话的那个团队这辈子再没有可能拿到徐小平或者徐小平好友的钱，这就是投资圈的规则。陈欧想得很简单，这样他就可以在斯坦福远程管理公司，同时还能修完 MBA 的课程两不耽误。哪知这个世界，所有的机构只有一个老大，老二永远需要听老大的。

随着职业经理人引进其他天使投资人，对方所控制的股权比例已经超过 50%，而陈欧只剩 30%多。当公司的名字从 GGgame 改为 Garena，而自己却不能做主时，他这才知道鱼和熊掌不能兼得，他已经失去了对公司的控制，没有了话语权。于是，他的第一次创业让他摔得不轻，从老大变成了老二，最后不得不忍痛卖掉曾让他得意的游戏平台。

在这次失败后，2007 年夏天，经历过创业成功与失败的陈欧毕业后连毕业典礼都未参加就立刻回国，开始第二次创业。他带着一个全新的项目，找到了已经两年没有联系过的天使投资人徐小平。这时他和徐小平已经是朋友了，这就是我在创业者融资时的建议，不要企图和投资人接触上就得到资金，那种纯商业的友谊是不牢靠的，反倒是成为创业导师、良师益友、合作伙伴之后，创业者更能得到投资人的认可。世界上的很多安排都不是按照人的意识为转移的，创业者能做的就是"尽人事、顺天意"，平时做好准备，关键时才能抓住机会。

这一次陈欧在中国大饭店找到了徐小平。陈欧将自己筹划的项目解释了一遍，因为二人亦师亦友的关系，徐小平并没有提出太多疑问，很快达成了投资

创业箴言

不要企图和投资人接触上就得到资金，那种纯商业的友谊是不牢靠的，反倒是成为创业导师、良师益友、合作伙伴之后，创业者更能得到投资人的认可。

协议。徐小平向陈欧的项目投资了 18 万美元。

徐小平认准了这个创业者身上的那股劲儿，同时作为创业者，企图自己的第一个项目或者企业就拿到投资人的投资也是不现实的，投资人更希望看清创业者的过去和现在，这样才有可能看到他的未来。即使是个小项目，创业者和他的团队能经历初创、做强、做大或者活得很好也是很关键的。

可是不少创业者，自己在活都活得很难的时候想找到投资，那希望太渺茫了，因为投资人都太聪明了，赚过钱的人没有一个傻子。

失败是必需的，没有失败的创业者是不成熟的创业者。徐小平知道陈欧在游戏方面的特长，支持陈欧向自己的兴趣发展，因此陈欧选择的还是游戏行业，成立了 Reemake 公司，创业项目是在社交游戏中内置广告。这个模式就是陈欧从美国学习过来的，这类型项目当时在美国很火，就是网页游戏通过内置广告获利，让游戏用户不直接花钱去买游戏币或者装备，而是去注册账户或者安装软件，得到免费的游戏币，然后通过国内找寻广告商的方式来进行广告植入。

但陈欧的团队很快发现，他们搬来的国外模式在中国行不通，广告植入哪像自己想象得那么容易，当初意气风发的年轻人们一下子被现实泼了一桶冰水，当乙方的难受、辛苦、低三下四一下子把这个团队打下谷底，剩下的是无助和焦虑。爱折腾的陈欧发现方向、资源、团队等这些企业成长基本要素几乎一无所有。自己曾经的自信和激情被打击得碎了一地的时候，陈欧凭借对原来联系的一些广告主朋友们的了解，知道想从广告主身上赚钱是特别难的，但是如果可以帮助他们销售，赚销售分成是合理的，这个共赢的模式一下子告别了 B2B 的困难，直接把广告主们拉成自己人，走向 B2C 的发展模式。

成功的人都是善于观察的，作为一个善于观察生活的人，陈欧之前做游戏联系过的很多广告主当中，不少人做的是大众消费品，那他的 IT 和互联网特长如何和大众消费品很好地结合呢？陈欧发现只有大众消费的电子商务是他们团队可以走得更远的发展模式。他发现中国的众多女性消费者对于线上购买化妆品的信心不足，线上化妆品行业没有羊企业存在，凡事都想做到第一的陈欧，发现了这块细分领域的蛋糕。

对于陈欧来说，化妆品行业太陌生了。但是在那个境地下，不闯一闯，难道让团队死掉？所有的解释都是成功后媒体的解读，而当时最主要的原因是利用手中的资源（消费类的广告主）和自己的特长（互联网）赶快结合起来，避免死掉，人最怕的是没有方向和希望。

陈欧在 2010 年做这件事还是很有优势的，首先，电子商务在中国正在高速发展是不争的事实，传统商场的综合成本让化妆品的价格居高不下；其次，化妆品需求很大，但市场上还没有一个可信的化妆品网站，综合电商市场更需要细分领域的老大；最后，做这个别的男人不好意思做的行业反倒给了自己机会，细腻的性格让他比别的男人更有优势。

在这个最艰难的时候陈欧带领团队找到了新的方向，不仅归功于他的敏锐，更要归功于他的乐观心态："人生道路并非平坦，曲线总比直线美，在通往梦想的路上总会有各种各样的磨难，但只要保持一颗乐观的心，坚持不懈的努力，有什么沟壑是过不去的呢？我自信，我微笑，明天一定会更好。"这种有魅力的正能量的语言对于在坎坷中前行的团队太重要了，企业失败往往是在最关键、最苦的时候没有绷住，很多事情熬过去，就是晴天了。

确实有一些创业者，太过内向，保守，缺乏激情，这个时代早已经向这种类型的创业者说拜拜了。

"能人相辅"是成功的重要条件，互联网企业能成功融资的关键就在于团队的魅力。戴雨森是这次聚美优品的二号人物，曾在 Google，Baidu，Oracle 等企业从事用户体验设计工作，对互联网产品设计、用户体验规划有深刻研究和丰富经验。清华大学获工业工程学士学位后，本可以攻读美国斯坦福大学管理科学与工程硕士的他半路辍学，原因就是创业一直是他的梦想，而在美国辍学的创业者成功的案例太多。

戴雨森是非常感性的，互联网大公司出来的他有太多的创业团队人脉和想法，戴雨森的加入是聚美优品能团聚人才、做大、做强的关键人物。看看这些成功创业团队的座右铭："也许我们无法明白'活着'的意义，但是我们已经为'活着'付出了太多代价；也许我们无法实现自己的梦想，但是我们已经为梦

创业箴言

有魅力的正能量的语言对于在坎坷中前行的团队太重要了，企业失败往往是在最关键、最苦的时候没有绷住，很多事情熬过去，就是晴天了。

想流下了太多泪水。我们能做的，仅仅是在这条路上走得更远，绝不能回头。天堂未必在前方，但地狱一定在身后”。对于新时代的创业者，这种激励人心的话虽然看似很空，但是真的太重要了。

选择团队时，除技能外，性格的搭配是尤为关键的。百合网的田范江与慕岩，聚美优品的陈欧与戴雨森，都是外向和内向很好配合。在聚美优品，陈欧的性格是霸气、激情的，如果其他团队成员也是这种性格，必将会有很多的管理冲突，戴雨森的内向技术型是其完美的搭配。

谈到团队的搭配，个性化系统评测的学致教育中的两个创始人张学瑞和张所勇的搭配也算得上是外向整合型和内向技术型的完美整合，靠着这种融合，公司在初创阶段就获得了天使投资人 1000 万元人民币的投入，团队的魅力是投资人考察的第一重点。纵观所有的创业者团队，这种老大和老二、内外兼修的创始人搭配是必备的。

这次创业，陈欧反复总结自己之前失败的经验教训，避免重蹈覆辙，从股权架构上一直保持自己独大的局面。在转型的初期，公司和团队之间的争议还是比较大的，要转型就要先说服自己、团队和投资人。在做电商和做社区争议未定之时，“团购”的浪潮刮进了中国，一边做游戏保持现金流，一边做团购探索企业的新方向，就这样团美网上市了。

不得不承认，运气对于创业太重要了。这次转型冒险大于理性，但是敢创业的人就不是“中庸”的人。陈欧将代理商的化妆品买断，存放在仓库，以限时团购的形式卖出，价格比专卖店低了四成。陈欧全面停掉了之前的游戏内置广告业务，开始全力扩大自己的电商地盘。

陈欧需要资本源源不断的进入，就需要品牌人物，同时再次获得了来自徐小平的 200 万元投资。团美网（聚美优品前身）上线后，业绩非常好，不到 5 个月注册用户突破 10 万。当年基本没有投广告，全部都是用户的口碑传播。2010 年 9 月，团美网更名为聚美优品，有“聚集美丽、成人之美”的含义，同年销售额达到 2000 万元。2011 年 3 月，公司成立不到一年总销售额突破 1.5 亿元。发展的迅猛，加上徐小平的资本人脉，聚美优品获得了红杉资本、险峰华兴千万美元级别的投资。2011 年 5 月，聚美优品转型为团购外表的化妆品 B2C 网站。

可能一些人认为陈欧是四川省德阳市委常委、德阳市人民政府副市长陈行祝的儿子，是官二代，是强大的背景支持他的成长、留学、闯荡、人脉。可是就算假设成立，在如今创业艰难的背景下，靠着家里的三线城市的官员背景就能成为纽交所上市公司的老总，是不是有点牵强呢？

这个世界就是需要小人监督的，任何一个成事的人都会面临各种争议，而打破争议的最好方法就是用行动和自己活得很好来证明一切。那些斤斤计较、锱铢必较的人天天盯着的就是各种新人和比他们过得好的人，这样的人和创业者在一起，必定时时提醒创业者的不对，对企业的成长会有帮助。前面我提到过“随喜”的心态，如果把周围的小人们看成是自己成功的“垫脚石”而不是“绊脚石”，就会好很多，创业者的成功都是心态的成功。

“你只闻到我的香水，却没看到我的汗水；你有你的规则，我有我的选择；你否定我的现在，我决定我的未来；你嘲笑我一无所有，不配去爱，我可怜你总是等待；你可以轻视我们的年轻，我们会证明这是谁的时代。梦想，注定是孤独的旅行，路上少不了质疑和嘲笑，但，那又怎样？哪怕遍体鳞伤，也要活得漂亮。我是陈欧，我为自己代言。”

任何成功的人都是有争议的，一些人会认为这种为自己代言的东西过于高调，过于强调个人，过于煽动。可是这更激发了“80后”的一种共识、一种情怀、一种心境。如果企业不成功，什么广告词都是无力的，如果企业做得好，之前的所有言论都会被解释成“专业”。这种“屌丝逆袭”的语言能激起互联网时代的创业者们的共鸣。

你可能不知道他的名字，但你一定喝过他的产品

几乎人人都喝过的品牌估计只有一个，那就是可口可乐。知道沃伦·巴菲特的人一般都会知道他的成功以及他的价值投资的最经典案例就是可口可乐。但是，知道可口可乐的人中，又有多少人知道可口可乐之父阿萨·坎德勒的创业之路呢？

160 多年前，阿萨出生在美国，他是父亲的第八个孩子，取这个名字因为当时一个著名的大医生也叫阿萨，家里人希望阿萨成为受尊敬的医生。

当过两年学徒之后，阿萨知道药剂师是适合他的职业。又过了几年，一直有一颗不满现状、充满梦想的心让阿萨踏上了去亚特兰大的路程，做个大城市的“淘金者”。从小城市到大城市，阿萨开阔了眼界，同时找到了药店的工作，在药店的工作是紧张而又辛苦的，通过自己的努力，阿萨当上了店员主任。

就像很多的爱情小说一样，白手起家的有志青年很容易与师傅的女儿相爱，阿萨这个穷小子在店创业者极度反对的情况下为了事业，为了爱情，为了让别人可以尊敬他，更为了心中追求成功的梦想，决定开始创业。

没有钱，只有骨气是没法创业的，阿萨找到了一些志同道合的朋友，合伙开了批发零售药材公司。睿智的阿萨很敏锐地判断出，没有核心竞争力企业是根本做不大的，而其利润只会越来越薄。只有寻觅到有价值和市场潜力的药方，才能拥有自己的王牌，才能一炮打响。于是，他开始寻觅这种药方。

阿萨并不是可口可乐的发明人，但是就像我一直强调的一样，真正的成功

创业箴言

睿智的阿萨很敏锐地判断出，没有核心竞争力企业是根本做不大的，而其利润只会越来越薄。只有寻觅到有价值和市场潜力的药方，才能拥有自己的王牌，才能一炮打响。

创业者一定是一个“以市场为导向，管理为基础，产品为核心的综合体”，而市场和管理性的人才才可以真正挖掘和发扬优秀的产品。

可口可乐是由美国亚特兰大药剂师约翰·彭伯顿发明的。他在家中后院发明了一种咳嗽糖浆后，拿了这种糖浆到附近的杰柯药局出售。一次意外把糖浆与碳酸水混合起来，可口可乐便诞生了。可口可乐刚诞生的头一天以每杯 5 分钱只出售了 9 杯，第一年生意只赚了 50 美元，连做广告的费用都不够。

用可口可乐治疗偏头痛的阿萨发现彭伯顿并不善于经营，但是阿萨知道他的独特、他的唯一，并以敏锐的眼光看出可口可乐的推广空间非常大，于是他决定入股。阿萨入股可口可乐之后，知道彭伯顿和他总会有一个最终当老大的人，而为了可以策马扬鞭地发展并且不留后患，阿萨很果断地提出了买断。

前后总共花了 2300 美元，阿萨·坎德勒成了可口可乐的主人。在潜伏了许久之后，阿萨变身大企业家，全力推广可口可乐的发展。

要论敢于破釜沉舟，创业者都要向阿萨学习，阿萨放弃已经经营不错的药材批发生意，放弃经营的药方，转做产品，他认为只有做产品才能更好地展开拳脚，才能抛开更多的受制于人和依赖。

在当时，可口可乐的前景难以预料，风险极大，引导消费是很难的，但一旦成功也是一发不可收拾的。

唯一能支持小公司创业的，在阿萨的身边也只有他的亲戚。他雇佣了自己的 3 个侄子和外甥，分工明确，效率优先。

阿萨的市场能力是超强的，集中兵力发送赠券，体验式的营销从阿萨开始了……

而品牌营销是阿萨第二个创新，不管你要买什么，都会领到一个带有可口可乐标志的促销品。他发明了各种各样便于分送的促销品，像书签、集邮册、旅行袋和小钱包等，分发到成千上万的人手中。他还发明了带有可口可乐标识的日历、海报，可口可乐的广告信息覆盖面非常广，远远超过了其他任何一种消费品。

阿萨在广告方面很有洞察力，而且他发扬了明星代言产品的新时代。其实，当人们还在崇拜乔布斯做完美产品，适合所有中、低、高层使用的苹果手机的时候，可口可乐早已经这样做了……

阿萨信奉那句广告语："富人喝香槟，穷人喝啤酒，可口可乐是他们共同的选择。"

第 7 章

chapter 7

公司干得好，更要卖得好

科技文化，相互融合，共同发展。

——北京软件和信息服务交易所总裁　胡才勇

对话：

掌趣科技（300315）（2013 年 A 股第一牛股）董事会秘书何佳

华泰联合执行总裁刘晓丹（并购界资深投行家）

东华软件（002065）（A 股上市 8 年，市值增长 15 倍）董事长薛向东

华兴资本（一级市场并购投行）合伙人王力行

作为一个创业者，把公司卖出去的概率是非常大的，对于投资人，并购退出的概率大于独立 IPO 上市推出的概率。

公司不仅要干得好，也要卖得好。干得好的公司需要卖得好，如果卖得不好就无法证明这家企业真的干得好。

看看这些并购的高手们是如何看待并购这些事，了解一下并购公司和被并购公司的操作手法的……

2014 年 5 月 30 日，2014 第十八届中国国际软件博览会中国软件业投融资高峰论坛隆重召开，本论坛由工业和信息化部、国家发展和改革委员会、科学技术部、国家外国专家局、北京市人民政府主办；北京市经济和信息化委员会、北京市金融工作局、中关村科技园区管理委员会、共青团北京市委员会、北京市海淀区人民政府作为支持单位；由北京软件和信息服务交易所、北京软件行业协会具体承办。

身为国家创业联盟秘书长，我作为嘉宾主持，主持了这次并购方面的高峰对话。

曹海涛：感谢大家来到这个论坛，可以看到 2014 年并购异常火爆，1 月到 4 月份在 TMT 大概有 88 家公司上市并购，其中有 42 家是传媒影视行业，有 24 家是广告和游戏行业，我们看到并购一直是这两年的焦点。这里有几大原因：第一，我们可以看到上市公司对市值管理的需求是很强烈的，第二，过去将近一年半的时间，IPO 暂停，逼迫很多本来独立 IPO 的企业走向了被并购的道路。当然第三就是我经常说的并购或者上市，往往是由股东或者竞争对手逼的，因

为投资人的退出要求和竞争的激烈使得对资金和平台的热切需求。

但同时，在 TMT 并购过程中有些问题，这就是我们为什么在今天讨论互联网并购的原因，有什么问题呢？一个笑话在嘲笑如今的互联网思维，就是：化缘的叫众筹了，做 IDC 的叫云计算了，做耳机的叫可穿戴设备了，做统计的叫大数据了，做八卦小报的叫自媒体了，高利贷的叫资本运作了，借朋友钱开公司叫天使投资了……我相信这是误解，但是也说明了真正的互联网思维需要的是真正的创新而不是在玩概念。我相信我们真正需要并购也好，投资也好，找到创新的核心是重中之重，这也是我们今天研讨的主要内容之一。下面我请各位嘉宾出场，他们是华泰联合执行总裁刘晓丹，东华软件董事长薛向东；掌趣科技董事会秘书何佳，华兴资本合伙人王力行。

曹海涛：每位嘉宾有一分钟的时间，简单自我介绍一下。

王力行：感谢主持人，大家早上好，我叫王力行，来自华兴资本，我们公司成立于 2004 年，为中国创业家企业家做中国自己的投行而努力，这几年基本上发展下来我们产品包括企业融资，这是本行，还有企业并购，做战略投资，去年也拿了香港 IPO 的牌照，也做了 IPO 发行等等。另外，包括京东、聚美优品等的融资都有华兴资本在参与，我们主要专注于 TMT 领域，也是大家说的高科技互联网这个领域，相应的最近几年随着互联网新经济改变，互联网、医疗、消费、教育等领域的结合是热点，我们正向这些领域拓展，我们相信软件这块机遇很大，我自己背景也是学工科的，所以这一块我觉得与互联网结合越来越紧密，不管融资还是并购角度来讲都是非常活跃的，所以也想借这个机会跟大家多探讨，希望以后可以跟大家有更多合作，谢谢。

薛向东：上午好，我是东华软件的薛向东。东华软件 2006 年上市，主要做医疗、政府、智慧城市、金融等政府或大企业的软件服务，我们现在的市值按照昨天收盘来看超过 300 亿的市值，从 2006 年到现在涨了差不多 15 倍左右。我们取得这个成绩，一个是内涵发展，技术创新，产品创新，发展模式创新的结果，另外一个原因就是靠并购，这两个方面是公司的双赢驱动。另外一个特点，我们坚持主业，我们坚持在软件这个行业利用资本市场，我们并购的企业也是软件相关的，是主业相关的并购，谢谢大家。

刘晓丹：目前中小板所有的企业市值增长超过 10 倍的一共有 11 家，东华软件薛总他们是其中一家。其中华泰联合的控股公司已经是上市公司，也是位于第一梯队的券商，华泰之所以很多人都知道是因为并购是其主打的投行业务，金融其实也是在傍大款，我们一直有个理念希望用资本市场的服务来助力企业成长。事实上中小板的十年增长十倍的公司大概有 5 家我们是服务过的，尤其像薛总这样的更是长期服务，在创业板就更多了，像掌趣科技也是，包括大家熟知的蓝色光标，差不多三年时间十倍这样的成长，无论市值还是经济指标，我想这个可能是我们一个理念，企业没有大小之分，大小是相对概念，关键要找准真正有梦想的企业家，你帮他借助资本市场一起成长，我们过去十年多的历程一直是这么坚持的。我觉得一家企业的成长就像一部漂亮的作品，当中或多或少地融入我们金融人士的一些贡献，这是最完美的搭配。

何佳：大家好，今天很荣幸能跟各位一起交流，掌趣科技是一家 2012 年上市的创业板企业，从历程来讲还是比较年轻的公司，我们主营业务是游戏，手机游戏，网页游戏的业务。上市到现在我们一直秉承双轮驱动，跟各位前辈学习内深和外延。游戏行业也是非常重视投资并购的行业，从国际上来讲像 EA 这样的公司都是很多年以来做并购非常成功的企业。我们上市之后也是跟华泰联合一起在去年做了两次并购，一共并购三家企业，把公司市值从刚上市时的几十亿元，到现在两百亿元出头。我们接下来要秉承这种模式，同时游戏行业一直是越并购风险越低，我觉得规模效应是我们未来并购的理念，就是做规模、做产业链，但是仍然非常专著于游戏，未来希望做全球领先的游戏的研发，这是我们团队的梦想，谢谢。

曹海涛：王力行王总，我们知道近两年在一级市场的并购异常火爆，作为创业者，并购方或者被购方，在并购发生时需要考虑的因素有哪些？

王力行：这是很大的话题，现在市场上大家都是竞争合作的，大家一块来做，我觉得今天这个主题其实特别有意义的，包括软件这样的一些产业，大家看并购的机会，其实说实话，应该专注于整个高科技的领域，去年我们内部有过一个比较大的争论，包括在海外上市，包括做融资，现在已经蓬勃发展起来了，我们一直把自己服务的领域定位为比较窄的高科技领域。但其实并购市场中，我相信不少传统行业，像材料，能源、矿产等这些领域也是非常活跃的领域，我们在传统领域里确实需要更加专注，也有很多的机会在等待。在互联网领域我们做的统计跟大家分享一下，我们根据一些国内外的第三方数据库，关注一下过去半年，其实 TMT 并购的案子不管交易金额还是交易数量来看都是迅速上升的趋势，非常密集化，这个领域里接下来会怎样发展？TMT 领域接下来仍然是最活跃的因素。因为华兴资本不仅在做 BAT 的并购，也会做一些其他高科技等软件企业的并购，去年也做了相关案子。从这中间我们看到很有趣的趋势，2013、2014 年基本上是互联网巨头之间的并购游戏，不管是最开始的 360 挑起了并购大战，还是百度及时出手，华兴资本作为百度并购 PPS 的独家财务顾问，互联网巨头之间做了很多产业布局，现在他们的布局方向包括国内和海外的企业。A 股上市企业的并购更加关注利润，而互联网企业的并购更关注用户、战略和市场份额。

主持人提到案例分析，我们站在第三方顾问角度，认为在这个过程中间对于创业者而言，作为卖方的时候，心态需要更平稳，应该想清楚自己想要什么，究竟只是想简单地套现走人，还是想找更大平台。在更大的平台上会有更多可利用的资源，这一点软件行业趋势更明显，因为软件行业都是业内人。软件行业以前碰到很大问题，就是如何把产品的理念真正传递给市场和客户，尤其作为一个创业企业，不仅要能做出优质的产品，可以把东西卖给客户更关键。做市场往往是不少研发型企业碰到的障碍，并购是一个非常好的手段，可以帮助企业自身的市场和客户源拓展的成长，东华软件十几年建立了非常好的客户关系和渠道，如果有好的东西放到薛总的平台上，我觉得会是双赢的。因为具体案例可能对客户有保密的因素，而且并购案子都千差万别，每个案例大家想法不一样，关键还是开放的心态，心态和意识到位了，合作就容易了。

曹海涛：王总讲的不多，但是这部分又很关键，一会儿在深入讨论的时候可以给我们多分享一下。接下来是东华软件的薛总，今天 80%的企业家都提到了薛向东。而且另外一个问题更有意思，就是谈到诚信，薛向东在 20 几年前成立的第一个公司就叫东华诚信，能把诚信放到公司名字里，可见对诚信的认可程度，相信薛总会有很多故事跟大家分享。

薛向东：关于并购，首先，我和很多我们投资的企业家们基本上很少用并购这个词，我经常说我们是合并，或者说我们合资，中国人对并购这个词感觉特别不好，觉得我被卖掉了，心里不是很爽，当然在国外很自然。很多硅谷创业者都因企业到一定程度卖给大平台而非常自豪。但是中国人有传统观念，觉得把企业卖给上市公司或者卖给别人很不爽。所以关于并购我要把握两个方面。

首先，我尽量和大家友好相处，用词上我尽量少用并购这个词。

创业者一定要形成一种理念，小平台可以卖掉到大平台上来也是创业的成功，创业成功分为两个方面，一个是自己独立上市，还有就是卖给大平台也是成功标志。原本收入几千万的公司，卖个10个亿元的估值，也非常成功。第二就是对于东华软件来说，我们希望并购那些符合我们主业的企业。我们有三个协同，即技术协同、服务体系协同和销售的协同。我觉得达到这三个协同我们就特别喜欢，所以在座企业家们，投资你们也好或者大家一起合并也好，我们都愿意用合并或者投资的方式达成共赢。我上次讲了，为什么说用并购可能不是很准确呢？比如一家企业我占2%的股份，5%的股份，这都是一种合作的模式，如果份额大一点，我投51%，80%等，或者全收购都是可以的。我觉得其实合作模式多种多样，只要有利于把事情做好做大，就是在大平台上用刚才三个协同，把现在这个企业优势发挥出来，把事业做大。东华软件不一定要百分之百收购，我占5%、10%也没问题，就是说在这里做个小广告，我们都可以广泛合作。我们这里有很多结合方法，可以为企业带来发展。

另外主持人提到诚信，我觉得并购企业也好投资企业也好，包括招员工都离不开这两个字1993年我成立公司的时候，就下决心对客户讲诚信，答应客户的事要办到，答应员工的事也一定要办到，如果说条件变化了就把承诺降低了，你的诚信就打了折扣对员工也好、客户也好、合作伙伴也好，包括上市以后对我们投资者也好，诚信是沟通的关键，诚信做人，客户才会长期信任我们，员工才会长期信任我们。合并也是，对被收购的团队信任也很重要，要把三个协同尽量发挥出来，包括管理团队的激励措施都弄好。原来承诺的兑现得非常好，团队就能很好地协作。现在讲并购成功的概率是多少，我们算下来大部分都是成功的谢谢大家。

曹海涛：谈到诚信，之前有个企业家跟我说诚信是有成本的，但是我向他强调“诚信”是可以把做生意的成本降到最低的。薛总很能感受到被并购方的心理，谈合并不谈并购，企业做大真的是需要向薛总这样的胸怀和包容。其实企业被合并也好，被并购也好，企业家一开始可能认为企业是我的孩子，后来员工入股了，不能当着员工的面说企业是我的孩子，就改成了说企业是我们的孩子。后来发现企业被别人收购了，不能叫我们的孩子，因为你不能卖孩子，就说企业是我们的平台，但是真正被上市公司收购后，通过一些金融的手段不断扩大自己的企业盘子并进行收购别人后，不少创业者认为企业就是一部 ATM 机。像大唐辉煌被中南重工（002445）并购，虽然是跨界并购，但是将来大唐辉煌在文化传媒等领域发挥的空间非常大，随着其不断的发展很有可能成为将来上市公司的主题业务。所以跨界并购也会有很多黑马出现。华泰联合的刘总是并购方面的专家，也是并购的一姐，刘总可以分享一下 PE 基金在并购方面充当的角色，尤其像并购贷款等金融工具在并购过程中发挥的作用。

刘晓丹：主持人给两个话题，第一个是跨行业并购，如果说同行业的并购会有 50%成功的话，跨行业并购失败的可能会达到 95%以上，不少企业大比例套现，卖了就走了，什么市值管理等都是无可预测的事情。我不是很看好跨界并购的原因包括刚才说的上市公司要培养新的主业，当培养到一定程度的时候这个人要当大股东，但是这个人当大股东的话，不少关键资源方可能要散伙。我们最近有一个影视传媒业非常大的并购，很多人非常看好，但是我们业内知道，他是混合所有制，为了这次并购有些人会撤退，为掩护自己撤退而做的并购。所以长线来看我依然不看好，这种投机性的并购过去在 A 股一路走来死的太多，这种短视行为的并购的企业家，基本上不是在牢里待着，就是在加拿大回不来了。事实上我们这一类并购做的非常好，尤其是行业之间内部的整合。我做了掌趣科技的收购，跨行业的收购我都拒绝了。

对于并购当中提到的融资体系，融资体系中并购贷款只是其中一个方面，其实现在对于软件和轻资产行业并购贷款是非常难的，因为银行融资体系是不支持这个的，基本上都需要拿资产来质押，但质押率都不是很高，游戏公司去哪借那么多钱呢？所以很多规定是很有问题的。目前体系下还集中在重资产，还有一些国企背景，民企未来的空间会有，但是确实需要更多支持。关于并购贷款，并购当中融资问题有很多可以解决了，除了我们债权市场资本市场也好，现在市场比较热闹的所谓并购资金，其实很多时候只是中国的特色，现在主要的并购基金还是过桥的形式，很多 PE 在做，包括我们自己也在做，很多时候在做类似于过桥当中的夹层以及有一些债转股条件的融资的安排。其实，如果你有好的业务，不愁找不到钱，但是问题现在其实在 A 股，好的企业很少，好的交易也很少。对于中国企业的并购，首先得想清楚为什么买，想清楚在 A 股有长期战略、有梦想的公司会有 10%到 15%吗？还有一类是我们的卖方，很多卖方其实还不清楚自己为什么卖企业，最早东华软件的第一单并购是 9 个亿的估值，当时被并购的企业挪到了更大的平台上，市值也增加了好几倍，且业务整合得非常好。有的时候在中国，大股东一颗红旗竖在那，你只能做大，要不断赚钱，其实有时候做二股东是非常舒服的选择，但是在国内，真的想清楚再被并购的不是很多，好的交易比较少，有好的交易不愁找钱。

曹海涛：非常感谢刘总，我们看到一个现象，在 2010 年的时候，信托非常火热，当时很多人预言两三年之后，这个刚性兑付是否能打破。从去年开始到今年，例如吉林信托、中诚信托等问题的出现，刚性兑付被打破，诚信问题接踵发生。并购是否也是这样呢？2013、2014 年很火热，企业增长也很快，对赌也是三年左右的对赌，那么 2016、2017 年后又会有哪些所谓的诚信破灭的案例发生呢？被并购的企业都没对赌失败的问题吗？其实市场是不好说的。接下来对话一下掌趣科技的何总，掌趣是非常有个性、有能力的游戏企业，2013 年也是将近 4 倍的市值增长，你们在并购时考虑哪些关键因素呢？

何佳：掌趣是一家游戏公司，为 EA 游戏在中国做发行起家的，2012 年很幸运在 IPO 关门前 5 月份上市了，公司从上市初期就定制了内涵加外延的思路，上市之后学习了国内 A 股的很多成熟经验，我们做过案例分析，看怎么发展成好企业，同时也找了专业投资银行帮我们做专业的事情。从整个并购标的来讲，我们已经并购三家公司，第一家是 2013 年上半年，那个时候估值八个多亿，现在接近 30 亿的市值，就像东华并购第一家公司一样，可能是十倍左右的增幅了。跟着平台成长是非常好的示范效应，当时买这家公司是网络游戏，网页游戏研发的发行，买的时候在腾讯上排第三第四的样子，我们经过半年时间的投资谈判。第二家公司是玩蟹，是 2013 年开发的非常成功的游戏，在整个中国的手机游戏行业里面很知名，也是考察了大半年时间，看到产品发展非常超出预期的，团队也增长非常快，与团队聊完之后发现他们对于产品的研发有自己的一套思路，我们觉得从手机游戏研发商角度讲在当时这是一家可以说行业前三名企业。第三家公司是上游信息，上游既有页游研发，又有手游研发，手游非常知名，去年在 IOS 排行榜成绩非常好。收购这家公司是为了增强我们在腾讯上的实力，也是补充我们手游方面整体的发展。

重要的几个关键词是什么呢？全球的、游戏、研发和发行。中国本土市场和海外市场，游戏包括手机游戏、网页游戏、PC 端游、电视游戏，研发肯定有各个类型的研发，发行商也是在全球范围内、不同渠道不同终端发行。这些事情加在一起是我们未来愿景，其中即使是在今天这个时间点还是缺乏很多环节的，所以我们接下来并购，做大的完整的产业链，产业链是非常重要的，一定在细分产业细分行业排名前三的企业才是我们并购对象，如果企业没有真正处到那个位置，有很多问题没有遇到、也没有经历过，我们买企业还是要降低风险，不管它未来收益如何，企业自己已经很强很大，他跟我们在一起能有很强的协同效益，我们才真正考虑并购。如果现在企业还很小，我们看好你，把你收到公司里来，预期你未来有很好的发展，这是投资不是并购。去年我们看了十几家企业，我们希望能给他很好的支持，经历由小变强的过程，他整个公司的品牌、人员心智增强之后我们才考虑并购。

我们肯定还是要尽快把整个产业链做完整，比如游戏的发行商、海外游戏发行商，以及游戏平台厂商可能都是未来考虑的并购范畴。我觉得大方向定了，具体怎么做要看企业的人员、团队、发展、产品等，这都是技术性的问题了，一家企业最关键还是要把整个长期战略方向弄清楚，把并购带来的负面问题考虑到位，包括未来是不是有足够的资本市场的支持，将来压力越来越大，股权融资或配套融资是不是能配合你做的事都是要在并购过程中解决的。因为我们就是一个专业做游戏的公司，我个人其实也在游戏行业做了十几年，我们有专业的投资能力，而且也找了专业的投行帮我们做并购，包括之前我们并购几家企业都是大幅超过了我们当时对它的盈利预测和要求。主持人讲是不是 2016、2017 年会有完不成的，包括是不是会有风险出现，我相信行业肯定会有，我们也非常有信心我们到时候还是属于一个健康发展而且会以更大的龙头企业的形象出现，也愿意跟其他一些机构一起把这件事情做得更加完善，更加完美，谢谢。

曹海涛：谈到影视，我投资了三家影视公司，影视和游戏之间其实有相通之处，它都是项目制的，很多人愿意去并购影视或者游戏的企业是因为其利润的体量基本很好，这样的公司项目质量还可以，但是有最大的问题就是生命周期，游戏在其 3 到 5 年的生命周期之后，后续更新的游戏是否可以得到依然很好的业绩去支持持续的增长？面对这种问题应该怎么看并购呢？

何佳：影视行业在 A 股上市时间比我们早很多，2009、2010 年上市的企业影视方面会更多一些，游戏企业上市在 A 股相对较晚，而且毕竟没有特别多的游戏企业上市。其实影视和游戏都是去投入一些成本，然后做出一件事情，之后带来项目回报。区别在于什么呢？大家认为游戏行业比影视行业更有发展，更值钱，会有更高的 PE，因为从游戏行业来讲第一生命周期要远长于影视的生命周期，我们第一款游戏上市了一年半，目前还有三千流水的收入，一个电影电视爆发性可能很强，一个电影可能比如说过十亿票房，过五亿票房，比如有几个亿的收入，但它基本只是短期内做到这一点，更多电影想回收成本都很难。比如我们做一个游戏，多一点的一千万，两千万，收入有可能会持续几个亿，游戏行业成本低，弹性也足够大，生命周期够长，可以一年，两年，甚至五年、十年，从投资回报来讲游戏要远远好于电影，这也是很多电影公司买游戏公司的原因。如果我们公司去做影视行业那一定是给资本加分的。

从资本融合角度讲，过去掌趣科技拿了华谊兄弟很大一笔投资，经过其历次减值现在可能不到 10%的比例。但是在过程中实际上我们非常希望与电影有非常好的合作，但受制于很多原因，有些题材很难做游戏的协同，主持人也投了几家影视公司，我们其实在年初也联合光线传媒投了一家影视公司欢瑞世纪，之前也是做古装剧，未来可能改成游戏，比如《盗墓笔记》马上要拍。或者已经做游戏的改编成电视剧，这一点对我们来讲是很令人兴奋的，电影电视和游戏之间是有互动的，反而有一些其他题材的影视和游戏在资本上的合作可能不会有这么好的效果，其他的确实没有什么更好的结合点。可以把游戏和电影电视剧结合的公司也不多，可能也就那么几家，然后每个公司理念也不太一样，我们觉得还是要找有结合点的，像迪士尼可以做很多这种游戏，但是也得真正挑选出精品，不可能基于一个很普通的比如说谍战剧来做游戏，就是做出来也没什么卖点。其实动漫、文学都是非常好的，我们也看了很多这样的公司，能够去做游戏，同时还能提供很好的利润，因为国内来讲文学、动漫的公司盈利都不是很好，这样通过游戏这样的手段使得他们可以有更多的财务回报，有更多的投入能够去延续他们的创新，这也是对整个中国创新、文化产业创新最有帮助的，游戏真的是非常好的变现的渠道，我们也愿意做更多的事情，谢谢大家！

曹海涛：感谢何总，讲的都是干货，接下来是讨论议题的阶段。现在有关部门强制要求上市公司进行舆情管理，包括双汇的瘦肉精的问题，包括酒鬼酒的塑化剂问题，包括我们知道冯小刚拍摄《一九四二》的时候因为劳累产生的一句微博上的牢骚，结果让华谊兄弟股票连跌几天，因为东方财富网的股吧上传言的前董秘被抓，华夏幸福（600340）当天将近跌停。所以我请各位嘉宾深入探讨一下舆情对市值的影响，包括怎么看待舆情管理？

王力行：我确实没有太多地关注到舆情，但是刚才提到舆情和市值管理这样结合是很好的，很多企业在冲击下其实没有意识到舆情，主持人一开始说的一个笑话提到自媒体，就是现在一个很重要的环节，在整个过程中不管上市企业做自己的市值管理也好，对业务的拓展过程也好，真的需要重视舆情。举个例子，上周末的时候我接受了一个记者沟通的要求，沟通了以后那个记者把我说的东西发出去了，我的客户不是特别高兴，但其中有些东西并不是我说的，从这个角度来看这个舆情管理很重要，包括很多细节本身不应该说、我也没有说，包括我们的客户应该及时反馈，响应这样一个新闻报道对他的影响，尤其是这样的一个新闻报道通过现在的自媒体，微博等大平台来做。现在传统企业对企业公关提出了很高要求，可能他们传统的格式化的公关和市场运行管理他们的经验相对来说更适应传统媒体，但是面对现在实际上非常发达的自媒体，传播效力从各个事件当中也可以看到非常给力，大家要把舆情管理和市值管理做好。

曹海涛：感谢王总。东华软件的股票一直涨得比较好。上周见薛总的时候，东华软件的股票是 34 元左右，今天是 40 元左右，每次见到薛总后东华软件的股票都会涨，我也不知道是我因此更愿意见到薛总，还是薛总因此更希望见到我？不管怎样，看东华软件股票涨得一直很稳健，看到东华软件的舆情管理做得很好，一定是有它的独到之处……

薛向东：我们一定要多见见，为了东华软件的股价能涨！关于这个问题，第一我觉得中国的资本市场还是有一点消极，大家没有像发达国家的成熟市场，巴菲特一直讲价值投资，他的理念我研究过，但是对于中国的资本市场来讲不少人在玩概念的，一有什么消息，相关的股票就要涨，这个消息过气了就要跌。所以我觉得投资者包括机构投资，都需要一个不断成熟不断成长的过程，所以话说长一点，资本市场要健康发展，其实从炒概念，从炒消息变成真的价值投资才可以。我们上市公司也要适应目前这个市场的体系，没办法，对东华软件来说要学习的第一是把自己的好消息让媒体，让投资者知道，另外按资本市场的规则相关方面的要求就是合法合规地做好自己的企业，这两个方面都不能失衡，当然最重要的做好企业，把产业做好了，才可能去谈企业的舆情。

曹海涛：感谢薛总，我在关于舆情的那一节结尾和您异曲同工，关键还是做好自己，做好自己是一切市值管理和舆情管理的基础。接下来有请刘总分享舆情管理的话题。

刘晓丹：我非常认可薛总讲的。我们的资本市场确实不成熟，无论媒体还是投资者环境。市值不是管理出来的，是做出来的。媒体环境不好，投资者不成熟，媒体有一些是标题党，逮着事儿借题发挥。苍蝇不叮没缝的蛋，企业真的没有问题苍蝇自己也就自己飞走了。而且作为一个持续健康成长的公司，我也不会在乎某天的某个报道我跌停。

我记得蓝色光标曾遇到一件事牵涉到媒体的勒索，立即表明态度，要采取司法手段，第二天记者就出来道歉。上市公司还要做到透明，不能在资本市场说我酒香不怕巷子深。自己还要好好宣传。因为有两千多家上市公司，现在基金经理还有投资人都看不过来了，你的一些重要决策、优势要讲给投资者听，不是讲给老太太或大妈听，是讲给分析师听，讲给主要的核心的买家机构听。我们的有些优质的客户，就是不讲，甚至我帮他作发行他路演都不做。事实上他的市值依然被低估了，我问过很多基金经理，说这个公司有点不透明，就是这些类似的问题。像蓝色光标就有这个习惯，每一次重大的并购发布以后会和投资人和媒体开个见面会，简单讲讲为什么并购，你一讲就会有专业点评报告，所以站在这个角度说，要把自己做得通透。事实上我一直不太主张市值管理，我觉得市值管理是结果而不是要求，是企业成长到一定节点加上你跟投资者互动的一个自然而然的结果。你天天盯着今天股票涨，明天股票跌，折腾死了。很多真正成功的企业家不在乎某天的股票涨幅，只要公司成长市值就在涨。所以我觉得这实际上是误读观点。

曹海涛：谢谢刘总。东华软件在 2014 年 3 月份的时候曾经跟中石油一样，出现了一个钻石顶的价格，就是 48 元，我也希望东华软件尽快突破，接下来请何总为我们谈谈舆情管理。

何佳：刚才几位嘉宾讲得非常到位，从我这个董事会秘书的角度来讲，会遇到各种各样的投资者，尤其我们是比较新的行业，很多东西是轻资产，我这十个人开发了四个月的产品就卖得不错，但是给投资机构讲起故事是很难的，怎么也不了解怎么回事儿，因为他自己也不玩，也不是付费用户，投资人对这个行业的理解没到一个高度，这需要一定的时间去学习，需要分析，需要去了解。但其实他们进步也非常快，从一年多以前到现在，问的问题的专业度包括专注的点是我们真正希望他们关注的点。

关于市值舆情等的管理，反正公司股票价格就是在公司基本价值上下在波动，就是价格围绕价值波动，如果价值在成长的话价格会回归到这个点上，我们对市值真的不是特别在意，是市值 200 亿还是多少，包括很多人问我说，你们做准备并购，如果 PE 倍数低了，你们再买其他企业的时候是不是稀释很严重，其实你们亏了，并购之前是不是把股票拉一把？其实可以看到之前我们做两次并购之前股价都是很稳定的，就算是市值低、PE 低，我该买公司还是要买。所以我跟基金经理们说，这个 PE 倍数是你们给的，但价值是我们做出来的，我也不希望你们高估我们，能在一个比较适中的范围内做，大家能双赢增长，你们能赚到钱，我们也能事半功倍做我们的事情，这是我们希望的。

关于像舆情，之前传闻说我们前两个月内公司管理团队集中离职什么的，居然还不仅是媒体在传，资本市场也在传，然后某个基金经理听到这个消息之后问他们自己的研究员，那个研究员居然还说这是真的，你得信。后来我去找了基金经理，说这种事其实很简单，因为大家都是专业机构投资者，我们也都是很公开的，你打电话咱们确认一下不就行了吗？这个事关键还是大家怎么看这个问题，有些时候是市场不好，有时候他卖股票只是需要找个理由，我觉得这也可以理解。也不是所有股东听到这个消息都把股票卖了，当然肯定有一些有这样的需求做这个事情。有些很理解我们的。也有找我们求证的，我们带他们去我们买的公司调研，去看看实际到底是什么样的。所以今后中国投资者未来需要更加专业化，因为散户会越来越少，还是需要专业投资来做这种事情。到时候期望中国资本市场更健康地发展，谢谢！

曹海涛：非常感谢何总，其实舆情这个事情说明白了就两点，第一酒香不怕巷子深，第二是酒香也怕巷子深。

刚才谈到中国 A 股市场，几位企业家也谈到巴菲特，大家知道巴菲特的伯克希尔哈撒韦公司的股票每股价格是多少美元吗？是 19 万 5 千多美元一股，每天的成交量在几十股左右，也就是说能成为巴菲特公司的股民本身都是千万、亿万富翁。这种现象在中国资本市场是不可能的，企业早就 10 送 10、10 送 5 了。中国确实还有资本改革的路要走，我们可以看到和中国资本市场是有很大区别的，我也想谈一谈中国资本市场，包括融资的时候的一些问题，美国的工具相对完善，中国也需要这种资本完善，包括高收益债券或者优先股等方式丰富融资工具，哪位嘉宾深入探讨一下这个问题？同时今天来了很多政府相关主管部门的领导，大家有什么建议可以讲一讲一直反映到政策层面。

刘晓丹：这个问题比较大，我们是这么看的，也不能妖魔化 A 股，没有解决的一个问题是退市制度。因为我们散户结构有问题，可以拉横幅可以找政府，这是很荒唐的一件事情。其实一直在说股市有风险，这需要渐进式的改进。所以大家要保持足够的耐心。刚才主持人提到工具，其实我们国家工具都有，我们的国外讲叫垃圾债券，10%几的就是垃圾债券，优先股马上就推了，包括可转债，其实各个市场包括银行这个市场创新层出不穷，所以国外有的中国一定会有，我们一定要解决的就是市场割裂问题，我们倒觉得也没那么悲观，每一步都往前走,在 20 年的市场你想象它成熟到几百年的市场怎么可能？我们的资本市场已经快速催生到这个阶段了，我觉得这需要过程，需要各方沟通努力。

薛向东：非常同意刘总的意见，中国资本市场虽然有很多问题，但还是很有信心的。另外关于 A 股上市，很多同行在美国上市了现在要回来，我觉得这表明大家对中国资本市场是充满信心的。第二点就是提的建议，国内国外市场的通路需要打通，我们在国内收购公司什么的方面都挺好，在这几年得到了很大的进步，包括以前收购的时候难度多出十倍，也不容易实现，现在都有非常大的进步，我们感谢相关部门的支持。建议并购国外比如说硅谷的企业，现在咱们国家讲国家安全网络，实际上 IT 这个行业美国还是比我们国家强不少，如果通过资本手段把其中做得很好的收购下来，作为我们的子公司，对提高整个国家的 IT 水平都是有好处的，这应该是中央非常鼓励的。对于国外企业，要拿 50 亿现金收购公司都不容易，量上是有问题的，需要解决重重融资的困难。再有是时间有问题，国内并购时间需要进一步加速。第三个问题就是不能现金支付，这也很有问题。打开国内国外市场，促进人民币的国际化，加速资本市场国际化，希望把这个问题解决，把并购国外企业变得像并购国内企业一样令人欢欣鼓舞。

王力行：我对薛总刚才说的特别有感触，其实大家知道历史上、尤其我们原来很多客户就是他们最上层的结构。在境外，A 股上市公司要想对国外企业实现并购，整个流程来看时间及成本等都比较高，这一块相关政府机构我相信也在努力改善。总体尤其是去年到今年，大家其实有点喜出望外，整体来看中国资本环境越来越市场化，越来越和市场接轨。但是大家不要忘记要从宏观的角度来看，从政府各方面监管机构来看都能够统一协调，能够互相配合，为中国的企业走出去，不管走出去到海外并购还是有为中国企业服务好监管的环境，我觉得这一点是很重要的。

曹海涛：谢谢王总，也希望在座各位媒体也好，相关的政府部门也好可以把刚才几位领导谈到的企业家的诉求和问题传达上去。由于时间关系我再问最后一个问题，TMT 刚才探讨了很多，大家认为下一个引爆点在哪里？并购趋势上分析，引爆点在哪里？

王力行：我先判断一下，我想今天既然论坛话题是这个，肯定很多人会问这个问题，从市场方面来看，大家特别关注下一个热点会是什么，因为在座软件企业会多一些，我觉得在软件领域，看好的一个点是大数据，新经济不断改变传统产业包括 IT 产业，刚才很多人也提到一个点就是云计算毫无疑问会是接下来的一个热点，对技术、对产业上下游的环境要求比较高，大数据基于云计算成为比较合适的基础，以后有足够的数据来源，大家在这个数据基础上做分析、做更有商业价值的结论，所以企业软件和互联网的结合，更快地和客户和企业和消费者直接连通在一起，是比较大的机会。

薛向东：之前谈到物联网、大数据、云等是四、五年前的概念，现在确确实实到了身边，在未来确实是一个爆发点，而且对很多地方已经都产生了贡献。比如我们做的人脸识别，大家可能记得 2012 年的时候有一个周克华抢银行的案子，他当时流窜到江苏的时候，江苏公安厅派了一千人找这个人的特征，现在咱们国家开了平安城市，有了很多摄像头，但是找这个人非常困难。现在用人脸识别很快就能出来。所以在出入境管理局，在各个地方都已经用大数据的抽取，实时的检索是非常典型的。另外我们建了一个医疗云，可以比如给大家做保健，有保健医生，建保健档案，另外糖尿病人，或者癌症病人可以跟相应专家对接，治疗这些病，同时挂这些专家号，进行下一步的治疗，这是运用云的技术。通过互联网的后台形成健康的体系，现在技术上非常通的，还有很多要慢慢细化。所以整体来说将来确实是非常好的趋势，我们这个行业的公司对未来特别有信心，包括智慧城市，通过物联网落地也是可以实现的。

曹海涛：薛总谈的人脸识别让人想起流行的美剧《疑犯追踪》。企业要想做得长久，要一直保持创新。什么时候创新速度降下来了，企业也就在走下坡路了。刘总，关于趋势问题，您作为并购中介机构怎么看？

刘晓丹：我觉得刚才讲到的大数据、云已经不再是概念了，这肯定是并购比较活跃的领域，因为并购就是为了买技术，我觉得还有一点也是非常值得关注的，也是现实生活中感受到的，就是比较时髦的词，因为我们今天的主题是颠覆，去年是互联网金融，大家说用互联网颠覆金融，互联网、金融完全两个行业，就是不相同的行业都可以彻底颠覆，其他绝大部分是线下线上融合的。这可能包括旅游、在线旅游，旅游总要落地啊，吃喝玩乐解决啊，所有这些东西可能未来都会是热点，围绕这个的并购我觉得也会非常活跃，因为这是相当大的一个线上线下的整合领域，叫互联网技术也好，互联网思维也好，我觉得不管用什么方式，可能更多地是一种融合。

何佳：我是学计算机出身的，也是写代码出身的，我其实在 2008 年的时候找了一圈的 VC 去创业，那个时间点有朋友美国回来，想回来做电视游戏等新技术的东西，但是我们找了一圈人没有人知道这个事，当时又赶上了经济危机。很多新事物刚刚开始，大家觉得这是一个生产力变革的事情，为什么所有人都不感兴趣？是因为风还没来，所以觉得要继续等。个人觉得云计算在未来会发展得非常好，当然大数据都是依托数据做的，这是最本质的，谢谢大家。

曹海涛：讲得非常好。最后，每次论坛都不得不说的一句话，今天也需要拿出来提一下了，就是“由于时间的关系”，由于时间的关系，我们今天的讨论就到这里。今天上午听了一上午我们需要时间消化，好东西就要戛然而止，非常感谢各位嘉宾，我们这次研讨到此结束，谢谢大家，祝成功、快乐！